Zu diesem Buch

Statt den langersehnten dreiwöchigen Sommerurlaub anzutreten, fährt eine fünfköpfige Familie aus Sheffield nach London, um die Krönungsfeierlichkeiten für Elisabeth II. mitzuerleben. In der festlich gestimmten, von Menschenmassen erfüllten Metropole erwarten sie jedoch allerhand überraschende, amüsante und auch höchst unliebsame Abenteuer. So muß Vater Clagg zum Beispiel feststellen, daß seine teuer erworbenen Platzkarten gefälscht sind. Eigentlich bleibt ihm und seiner Familie nur die Rückfahrt, aber der Strom der Millionen Menschen läßt sie nicht einmal zum Bahnhof zurückkommen. Sie haben jedoch Glück im Unglück, denn schließlich werden den Kindern, ihren Eltern und der Oma doch noch Wünsche und Hoffnungen erfüllt – wenn auch andere, als sie sie sich je vorgestellt hatten. – Auf welch lustig-listige Weise es dagegen zwei achtzehnjährige amerikanische Debutantinnen schaffen, im erlauchten Kreise die Krönung Georgs VI. in der Westminster Abbey mitzuerleben – obschon auch sie mit den Eintrittskarten hereingelegt wurden –, berichtet die zweite heitere Erzählung.

Paul William Gallico wurde am 26. Juli 1897 als Sohn eines Einwanderers aus Triest in New York geboren. Sein Vater war Pianist, die Mutter Geigerin. Der junge Paul bereiste mit seinen Eltern Europa und ging in New York zur Schule. Um über Sport authentisch schreiben zu können, übte er fast ein Dutzend Sportarten aus und wurde schließlich der höchstbezahlte Sportberichterstatter Amerikas. Seine ersten Bücher waren Sammlungen von Sportreportagen: «Farewell to Sport» (1938) und «Golf is a Friendly Game» (1942). Die Reihe seiner Romane wurde 1939 mit «The Adventures of Hiram Holliday» eröffnet. Ferner erschienen von Paul Gallico: «Meine Freundin Jennie» (rororo Nr. 499), «Ein Kleid von Dior» (rororo Nr. 640), «Der geschmuggelte Henry» (rororo Nr. 703), «Thomasina oder Die rote Lori» (rororo Nr. 750), «Ferien mit Patricia» (rororo Nr. 796), «Die Affen von Gibraltar» (rororo Nr. 883), «Immer diese Gespenster!» (rororo Nr. 897), «Die spanische Tournee» (rororo Nr. 963), «Die Hand von drüben» (rororo Nr. 1236), «Jahrmarkt der Unsterblichkeit» (rororo Nr. 1364), «Freund mit Rolls-Royce» (rororo Nr. 1387), «Schiffbruch» (rororo Nr. 1563), «Adam der Zauberer» (rororo Nr. 1643), «k. o. Mathilda» (rororo Nr. 1683), «Die silbernen Schwäne» (rororo Nr. 1803), «Julian und die Seifenblasen» (Rowohlt 1975) und «Mrs. Harris fliegt nach Moskau» (Rowohlt 1976). Viele seiner Bücher wurden verfilmt und in verschiedene Sprachen übersetzt. Paul Gallico starb am 15. Juli 1976 in Monte Carlo.

Gesamtauflage der Werke von Paul Gallico in den rororo-Taschenbüchern: Über 1,6 Millionen Exemplare.

Paul Gallico

Waren Sie auch bei der Krönung?

Zwei heitere Geschichten
zu einem
festlichen Ereignis

rororo

Rowohlt

Die Originaltitel der Erzählungen lauten: «Did you See the Coronation», erschienen bei Michael Joseph Ltd., London, in dem Band «Confessions of a Storyteller», und «Coronation», erschienen bei William Heinemann, London
Die Erzählung «Waren Sie auch bei der Krönung?» wurde von JUTTA *und* THEODOR KNUST, *«Der Krönungstag» von* ROBERT LUCAS *aus dem Englischen übertragen*
Umschlagentwurf Jürgen und Cornelia Wulff unter Verwendung von zwei Fotos (dpa)

1.–35. Tausend November 1968
36.–45. Tausend Juli 1970
46.–52. Tausend Dezember 1971
53.–57. Tausend März 1973
58.–62. Tausend März 1974
63.–67. Tausend Juli 1975
68.–72. Tausend Oktober 1976

Veröffentlicht im Rowohlt Taschenbuch Verlag GmbH, Reinbek bei Hamburg, November 1968

Gesetzt aus der Linotype-Aldus-Buchschrift und der Palatino (D. Stempel AG)
Gesamtherstellung Clausen & Bosse, Leck/Schleswig
Printed in Germany
380-ISBN 3 499 11097 0

Waren Sie auch bei der Krönung?

Waren Sie auch bei der Krönung? War sie nicht todschick? Himmlisch, dieses Prachtstück von altem Erzbischof, wie er dem König die Krone auf das Haupt drückte! Ich mußte einfach weinen. Mein Leben lang bin ich noch nicht so gerührt gewesen. Swing sagte, der König habe ausgesehen, als ob er sich ducke, aber Swing hat eben vor nichts Ehrfurcht. Sie war wütend und wollte zuerst überhaupt nicht mitkommen, weil man Edward zur Abdankung gezwungen hatte. Aber was hatte es dann für einen Sinn, in England zu sein, wenn man sich nicht einmal die Krönung ansah, besonders wenn man es so bequem hatte.

War es nicht geradezu lächerlich, dieses ganze Getue, wie schwierig es sei, Plätze zu kriegen – und das Gedränge und alles?

Wir hatten nämlich überhaupt keine Schwierigkeiten. Oder wenigstens fast keine, höchstens daß Swing den Schluckauf bekam, gerade als die Königin gekrönt wurde, und da wir ihr so nahe waren – das heißt, wir standen fast unmittelbar hinter ihr –, wurde es für einen Augenblick wirklich scheußlich, bis Swing plötzlich einen Blick von diesem schrecklichen Captain Fizz auffing; der fuhr ihr so in die Glieder, daß der Schluckauf verging. Ach ja, und dann nachher, als Captain Fizz uns in die Kutsche des Sultans jagte, war es auch einen Augenblick lang ein bißchen unangenehm. Ich meine, es hätte unangenehm werden können, aber der Sultan erwies sich als außerordentlich entgegenkommend, wenn er natürlich auch ein Farbiger war. Und Swing machte, als sie seinen Fliegenwedel in Tätigkeit setzte, solchen Eindruck auf ihn. Er wollte sie auf der Stelle heiraten. Ich sah schon, wie Swing mit einem «Hello, ihr Lieblinge, dies ist der Ambeok von Negotora, Sultan von Amu-Penang, wir wollen heiraten» ins Wohnzimmer ihrer Familie in Chicago hereingestürmt kam. Stellen Sie sich die Gesichter vor! Ach, und natürlich war es dann ein ziemliches Glück, als sich herausstellte, wer Captain Fizz wirklich war, weil unsere Familien es nie verstanden hätten, wenn wir ins Gefängnis gesteckt worden wären, obwohl die Gefängnisse hier drüben ganz anders sind und nie etwas in die Zeitung kommt, nicht einmal, wenn's stimmt.

Wissen Sie, wir wären nie auf die Idee gekommen, zur Krönung zu fahren, wenn Swing nicht so ein Biest beim Bridge wäre und ich nicht immer so gute Karten gehabt hätte und wenn dieser unangenehme Major Putrington und seine schreckliche Frau nicht versucht hätten, uns übers Ohr zu hauen, bloß weil sie wußten, daß unsere Familien einen Haufen Geld haben – aber als wir dann die Möglichkeit hatten, billig zwei Karten für die Abbey zu kaufen, schien es, als ob wir es doch tun sollten.

Und wenn Captain Fizz immer wieder versuchte, uns hinauszuwerfen, so konnte man es ihm eigentlich nicht einmal übelnehmen, weil er da noch nicht wußte, wer wir waren, und obwohl Swing auf den Gedanken gekommen war, die belegten Brote mitzunehmen, war es doch meine Idee, dem rührenden alten Herrn, der so müde und hungrig aussah, was davon abzugeben, und als sich dann herausstellte, daß er der Onkel des Königs war, überraschte uns das natürlich genauso wie den Captain Fizz. Ich meine, Captain Fizz wußte natürlich, daß er der Onkel des Königs war, aber nicht, daß er uns kannte; und daß Swing sich bückte und der Königin das Taschentuch aufhob, trug natürlich auch dazu bei, denn als sie es fallen ließ, standen all die steifen englischen Frauen unbeweglich da und verzogen nicht eine Miene. Und weil die Königin Swing angelächelt hat, tut sie jetzt gerade, als wäre sie bei Hofe vorgestellt, obwohl wir das natürlich auch hätten haben können, wenn wir gewollt hätten. Vielleicht ist es besser, wenn ich alles genau erkläre.

Wissen Sie, wir sind nämlich Debütantinnen aus Chicago. Swing und ich sind gerade in die Gesellschaft eingeführt worden. Es war die größte Party des Jahres. Drei Stockwerke im Palmer-House. In meinem ganzen Leben habe ich nicht so viele betrunkene Collegestudenten auf einem Haufen gesehen. Na ja, und danach gab es eine ziemlich hektische Saison; es hörte einfach nicht auf, und natürlich hatten Swing und ich sofort Eroberungen gemacht, zwei schrecklich nette Jungen, und waren wirklich mehr als ein bißchen verliebt in sie – ich meine, es war uns ernst, wenn wir auch erst achtzehn waren – und dann – na ja, dann schritten unsere Familien ein. So kam es, daß Swing und ich gemeinsam für ein halbes Jahr nach Devonshire, England, geschickt wurden, um uns abzukühlen; die Adresse lautet: Grammorton-House, Fenley Moors, Little Downey.

Im letzten Winter hatten wir ziemlich frei mit dem Familiengeld umgehen können, aber es machte uns nichts aus, daß wir inzwischen auf einen Monatswechsel gesetzt wurden. Ich schätze, Swing wird zehn bis zwölf Millionen haben, wenn sie mündig ist, aber das würden Sie ihr niemals anmerken, wenn Sie mit ihr zusammen sind; und wenn Dad auch wirklich kein Bettler ist, so hat er doch immer dafür gesorgt, daß ich das Geld nicht zum Fenster hinauswerfe. Wissen Sie, Swing ist nämlich Janet Pierce, und Mr. Pierce – Harriman Pierce – der Eigentümer der Harriman-Pierce-Einheitspreisläden; aber ich nenne sie immer nur Swing; und ich bin Audrey Westmar, und wenn Sie andauernd unsern Bildern auf den Kupfertiefdruckseiten der Zeitschriften begegnen, dann ist das wirklich nicht unsere Schuld. Wir haben uns in die Gesellschaft nur einführen lassen, um unsern Familien einen Gefallen zu tun, und wenn Sie das Leben einer Debütantin für eine bequeme Sache halten, kann ich Ihnen nur raten, es selber mal mitzumachen.

Und dann waren wir also gewissermaßen unter dem Daumen von Mrs. Grammorton im fernen Devonshire, und eigentlich war es gar nicht so schlimm, wenn wir uns auch jeden Tag zum Dinner umziehen mußten und einige der andern Gäste zum Sterben langweilig waren. Aber natürlich bestand für uns nicht die geringste Möglichkeit, zur Krönung nach London zu fahren, weil wir versprochen hatten, unser Taschengeld nicht zu überziehen, und weil wir wußten, daß dort alles schrecklich teuer ist, und eigentlich gar nicht vorhatten, uns England anzusehen; und es war auch gar nicht so schlimm, von unsern Jungen getrennt zu sein, weil das Gute an so einem Jungen das ist, daß er, wenn er auch nur halbwegs anständig ist, bei der Stange bleibt. So hatten wir den Gedanken an die Krönung wirklich schon aufgegeben – das heißt, bis zu diesem Bridgespiel.

Wissen Sie, wir spielten nach dem Abendessen immer Bridge mit den andern Gästen in Grammorton-House, und selbstverständlich spielen wir nie höher als Sixpence für das Hundert, und irgendwie kamen wir immer an einen Tisch mit Major Putrington und seiner Frau. Der Major war alt, dürr und überall voller Sehnen, dazu hatte er eine ganz entsetzliche Frau. Swing sagte, sie mache dauernd ein Gesicht, als wolle sie gerade ein Telegramm mit einer unangenehmen Mitteilung beantworten. Eines Abends, vielleicht eine Woche vor der Krönung, fragte uns nun der Major, ob wir den Einsatz nicht erhöhen wollten, und wir dankten und sagten, nein, zu Haus spielten wir nie um mehr als zehn Cent das Hundert; und das war die volle Wahrheit, weil Dad einmal, als ich für einen halben Cent den Punkt gespielt hatte, Wind davon bekam und sich anstellte wie ein Huhn, das Eier legen will.

Mrs. Putrington schenkte uns ein sauersüßes Lächeln – Swing sagte später, ihr sei es gewesen, als habe sie in einen Granatapfel gebissen – und erklärte: «Wir hören hier immer, daß man in Amerika um sehr hohe Einsätze spielt.»

«Wir tun das nicht», erwiderte Swing, «weil wir's uns nicht leisten können.»

«Aha!» lachte der Major, genau so. «Aha, aha! Famos! Nicht leisten können. Aha! Ich muß schon sagen: famos! Hier ist es so verflixt stumpfsinnig gewesen. Dachte mir, Sie würden ein bißchen Leben hineinbringen wollen. Nicht leisten können! Oh, ihr Amerikaner! Aha! Wirklich famos!»

Ich fing das Signal ‹Muß allein mit dir sprechen› von Swing auf und lief hinauf in unser Zimmer. Sie kam einen Augenblick später nach und fragte: «Wieviel Geld hast du noch?»

Ich erwiderte: «Acht Pfund. Aber damit muß ich bis Ende des Monats reichen.»

«Gib's mir», sagte Swing. «Ich habe sieben. Das macht fünfzehn. Wir brauchen bloß zu Haus zu bleiben, wenn wir's verlieren. Unsere Pension hier ist bezahlt, wir können also essen und schlafen.»

Ich sagte: «O Swing, was hast du vor?»

Sie erwiderte: «Gegen die beiden Maden spielen. Sie haben herausgefunden, daß unsere Familien im Geld schwimmen, und möchten nun hier auf unsere Kosten leben. Sehr ehrenhafter Zeitvertreib, zwei Achtzehnjährige zu rupfen! Komm, wir gehen. Und um Himmels willen, Audrey, bloß keine Nerven!»

«O Swing, ich habe Angst.»

«Du hältst sie, und ich spiele», entgegnete Swing. «Außerdem spielen die Putringtons immer noch aus dem Buch, das wir schon vor drei Jahren weggeworfen haben. Ich bin wirklich froh, daß ich als Debütantin erzogen worden bin.»

Als wir zurückkamen, sagte Swing liebenswürdig – sie hat sehr gute Manieren: «Es tut uns so leid, daß wir Sie warten ließen. Um welchen Einsatz möchten Sie spielen?»

«Eh? Eh?» machte der Major. «Oh, das ist famos, muß ich schon sagen. Die Londoner Klubeinsätze. Ist Ihnen ein Pfund je hundert recht?»

Ich wurde beinahe ohnmächtig, doch Swing erwiderte gelassen: «Ausgezeichnet. Wollen wir abheben, wer gibt?»

Swing ist eine gerissene Bridgespielerin. Sie tut, als hätte sie überhaupt kein Interesse am Spiel oder dächte an etwas anderes oder schliefe halb. Sie ist ein großes dunkles Mädchen mit üppigem Haar und einem träumerischen Blick in den Augen; und wenn jemand reizt, fährt sie immer ganz erschrocken zusammen, doch in unserm Kreis in Chicago läßt sich davon niemand mehr begaunern. Aber, sehen Sie, die Putringtons hat sie begaunert.

So bekamen wir also das Geld, um zur Krönung zu fahren. Mrs. Grammorton sorgt immer dafür, daß um Mitternacht alle aufhören zu spielen, weil dann die Lampen ausgehen, und der Major mußte uns siebenundvierzig Pfund geben, vor allem weil Swing einmal so getan hatte, als erwache sie aus tiefem Schlaf, und nichts als «passe» sagte; darauf verdoppelte sie das Gebot «zwei ohne» der Putringtons, erwischte sie bei einer schwachen Flöte, witterte meine starken Karten und schlug das Ehepaar mit 1400. Als Mrs. Grammorton am nächsten Tag herausbekam, was geschehen war, wurde sie riesig ärgerlich, und der Major und seine Frau mußten abreisen.

Mrs. Grammorton war erst strikt dagegen, daß wir allein zur Krönung fahren wollten. Wissen Sie, da sie Engländerin ist, begreift sie nicht, daß Amerikanerinnen, ganz besonders Debütantinnen, anders sind und überall allein hingehen können; deshalb erzählten wir ihr, wir hätten Verwandte in London, was sogar stimmte, nur daß wir sie nicht aufsuchen wollten, denn was hatte man schon für Spaß an einer Krönung, wie Swing sagte, wenn man mit Verwandten hinging? Mrs. Grammorton gab also schließlich nach und sagte, wir dürften fahren. Wir riefen den Vertreter der Harriman-Pierce-Läden an, und er besorgte uns ein wundervolles Zimmer in einem reizenden alten Haus am Hanover-Platz. Wir fuhren dritter Klasse nach London und nahmen belegte Brote mit, um zu sparen, da wir uns vorgenommen hatten, daß wir alles Geld von Major Putrington, das wir nicht für die Krönung brauchten, zum Einkaufen benutzen wollten.

Natürlich wird niemand ohne Einladung in die Abbey hineingelassen, und wir konnten höchstens hoffen, in letzter Minute irgendwo einen billigen Platz an einem Fenster zu kaufen und den Umzug zu sehen, aber Swing erklärte, daß man von manchen dieser Tribünenplätze, die in die Fenster eingebaut seien, höchstens die Federbüsche auf den Hüten sehen könnte, falls sie hoch genug waren, und sie meinte, wir sollten lieber warten und das Geld sparen und in den Zirkus gehen, wenn wir wieder zu Haus in Amerika wären.

Wir versuchten es überall, aber die guten Plätze kosteten alle sechzig Dollar das Stück und die billigen immer noch fünfundzwanzig; und als wir an die Schneiderkostüme dachten, die wir dafür auf der New-Bond-Street kriegen konnten, wußten wir einfach nicht, wozu wir uns entschließen sollten. Aber als uns dann der nette junge Engländer, den wir beim Lunch bei Quaglino kennenlernten, zwei Plätze in der Abbey für je sechs Pfund anbot, fanden wir, das ließe sich schon eher hören. Wir haben ihn natürlich nicht richtig kennengelernt. Ich meine nur, daß er am Nebentisch saß und uns nach einer Weile ansprach. Selbstverständlich reden wir sonst nicht mit fremden Männern, wenn es nicht gerade offensichtlich Jungen vom College und sie nicht zu betrunken sind, aber mit Engländern ist das anders, die sind alle völlig harmlos.

Als dieser Mann am Nebentisch also lächelte und sagte: «Ich nehme an, die jungen amerikanischen Damen sind zur Krönung herübergekommen», fanden wir das ganz in Ordnung, und ich sagte ihm, wer wir waren. Und als er fragte, wo wir unsere Plätze hätten, erklärte ich ihm eben, wie die Dinge lagen. Er war wirklich sehr nett, mit sandfarbenem Haar, blaßblauen Augen und nicht viel Kinn; aber schließlich werden alle Engländer mit Kinn ins Heer oder in die Marine gesteckt. Er sagte also: «Wie würde es Ihnen denn gefallen, in der Westminster Abbey zu sitzen?» Und ich erwiderte: «Das wäre sehr gut. Läßt sich das machen?»

Er erklärte, er habe zwei Billetts, könne jedoch nicht gehen; da wir aber keine hätten, wolle er sie uns für einen kleinen Betrag verkaufen. Er sagte, am liebsten würde er sie uns schenken, aber sie gehörten einem, der sie loswerden wolle. Natürlich verlangten wir, die Karten zu sehen, und er erklärte, er könne sie uns dort nicht zeigen, weil es in England ein Verbrechen sei, Billets für die Abbey zu verkaufen, und es säßen so viele Leute da; aber wenn wir ein kleines Stück mit ihm gehen wollten, würde er sie uns zeigen. Swing trat mich unter dem Tisch und sagte: «Das klingt wie Betrug», aber ich trat sie wieder und sagte: «Halt den Mund, er hat unser Geld ja noch nicht.»

Wir verließen also mit ihm das Lokal und gingen die Bury-Street nach St. James hinunter, und nach einer Weile zeigte er uns die Karten, und selbst Swing mußte zugeben, daß sie sich getäuscht hatte, weil es wirklich zwei Billetts für die Westminster Abbey waren, mit der Krone darauf und allem, was dazu gehört, und dem Namen des Königs – George – und der Nummer dahinter. Sie waren wirklich ganz amtlich, in Goldschrift. Wir bezahlten ihn also, er dankte uns, sprang in eine Taxe und fuhr davon. Er war tatsächlich sehr nett.

Wir kamen einfach um bei dem Gedanken, daß wir wirklich zur Krönung in der Abbey sitzen sollten, bis plötzlich Swing die Kleider einfielen; wir hatten natürlich keine Hoftoiletten, doch glücklicherweise hatten wir unsere weißen Abendkleider mit, nur für den Fall, daß wir jemand kennenlernen sollten, der mit uns ausgehen wollte. Und ich sagte, wir könnten zu Selfridge gehen und uns lange weiße Handschuhe und ein paar weiße Federn fürs Haar kaufen; doch Swing erwiderte, man trüge keine Federn zu einer Krönung, sondern Diademe; Federn seien für die Vorstellung bestimmt. Wir stritten uns deswegen, kauften aber schließlich zwei Diademe aus Rheinkieseln und sonst noch ein paar Kleinigkeiten; dann beschafften wir uns alle Zeitungen und lasen die Anweisungen; wir stellten fest, daß wir um halb sechs aufstehen mußten, da wir um halb sieben Uhr morgens in der Abbey sein sollten. Swing sagte, das sei lauter Unsinn, da die Zeremonie erst halb elf beginne; sie jedenfalls werde nicht vor neun Uhr hinfahren, das sei früh genug.

Ich erwiderte, es stehe in der Zeitung, nach sieben Uhr werde niemand mehr durchgelassen, doch Swing erklärte, mit unsern Billetts würden wir nicht nur durchgelassen, sondern kämen direkt neben Queen Mary zu sitzen, und das war komisch, denn wie sich dann herausstellte, war es nicht Mary, dafür aber Elizabeth, neben die wir kamen; sie ist ein Lämmchen und zuckersüß, und ich wünschte, ich hätte ihr ein paar von unsern belegten Broten geben können, der Armen, sie sah so verhungert aus.

Ach ja, die belegten Brote hätte ich beinahe vergessen. Wissen Sie, in den Zeitungen stand nämlich, daß die Gäste in der Abbey acht bis neun Stunden ohne Essen auskommen müßten, und Swing bringt es einfach nicht fertig, länger als drei Stunden ohne einen Bissen zu sein, deshalb strichen wir uns ein paar Brote zum Mitnehmen, und dann stellten wir fest, daß wir nichts hatten, wo wir sie hineinstecken konnten, weil wir keine Handtaschen und nichts mitnahmen. Und da sagte ich, wir könnten doch nicht in die Abbey hineingehen, das Frühstück in der Hand, und Swing erwiderte, es mache ihr nichts aus, das Frühstück zu tragen und eine Flasche Bier dazu, wenn es den andern nichts ausmache. Und dann sah ich, wie sie mein Kleid so merkwürdig anguckte, und das löste das Problem, wissen Sie, denn wenn es auch ein sehr einfaches Kleid war, so hatte es doch zwei Panniers aus weißem Seidensatin über den Hüften; die schnitten wir einfach auf, schoben an jeder Seite zwei belegte Brote hinein und nähten sie wieder zu. Das verunstaltete das Kleid wirklich gar nicht – im Gegenteil, es verschönerte es, machte es ein wenig altmodisch, wie eine Tournure.

Am Morgen der Krönung wollte ich früh aufbrechen, doch Swing sagte, das sei albern, das habe nur in der Zeitung gestanden, um die Leute abzuschrecken, und wir würden immer noch viel zu früh hinkommen; wir standen also erst um acht auf, zogen unsere weißen Abendkleider an, und natürlich überhaupt kein Make-up, weil das bei Tage scheußlich ausgesehen hätte. Unsere Diademe waren wirklich blendend. Wir verließen das Haus um Viertel vor neun und fanden eine der komischen Taxen, die überall herumkreuzen – nur daß diese schon antik und ziemlich altersschwach war. Swing sagte, sie sei überzeugt, daß dieses Fahrzeug bereits zur Krönung der Königin Viktoria benutzt worden sei – wir gingen auf die Taxe zu und erklärten dem Chauffeur, er solle uns zur Westminster Abbey fahren.

Er sah uns sehr merkwürdig an, und ich bin fest überzeugt, daß das nicht unsern Kleidern galt, weil die Leute in England Abendkleider zu den sonderbarsten Stunden tragen, und dann fragte er: «Soll ich Sie gleich zum Altar hinauffahren, Miss?»

Wir sagten, nein, es genüge, wenn er uns zum Haupteingang bringe. Dann kletterte er von seinem Sitz herunter, kam herüber, öffnete uns den Schlag, sah uns wieder an, schüttelte den Kopf und stieg wieder auf seinen Platz. Er sagte, er wolle glücklich sein, wenn er der Abbey auf eine Meile nahe komme, dann startete er die einzige Lunge seines Motors, und wir fuhren ab.

Wir schienen schon eine ganze Weile herumgefahren zu sein, als wir plötzlich in einer schmalen Straße auf ein Gedränge stießen und anhielten. Wir sagten dem Mann, er solle nicht halten, sondern weiterfahren. Und als er erwiderte: «Ja, Miss, soll ich über oder unter den Leuten fahren?» und Swing ihm erklärte, er solle sich nicht anstellen, sondern auf die Hupe drücken, wir hätten nämlich Billetts, war er so überrascht, daß er es wirklich tat; da kam ein Polizist herüber und sagte: «Heda! Was soll das bedeuten? Willst du auch zur Krönung, mein Junge? Hast du die Anweisungen nicht gelesen? Mach, daß du hier wegkommst, aber rasch!»

Swing sagte: «Erklären Sie ihm, daß wir Debütantinnen sind.» Doch er ließ nur das Fenster herunter und zeigte dem Polizisten unsere Billetts. Der betrachtete sie lange. Es sah aus, als ob er gleich die Fassung verlöre; er nahm sogar den Helm ab und kratzte sich am Kopf, dann setzte er den Helm wieder auf, ehe er sagte: «Ja nun, junge Damen, ich habe in meiner Dienstzeit manches erlebt, aber das schlägt alles. Haben Sie die Billetts gekauft?»

Ich erwiderte, wir hätten sechs Pfund dafür gezahlt und wollten nun durch, damit wir nicht zu spät zur Krönung kämen, und ob er es nicht bitte so einrichten würde, daß unser Chauffeur weiterfahren könne.

Bei diesen Worten warf er uns ein fast trauriges Lächeln zu und sagte: «Ja nun, junge Damen, es tut mir sehr leid, aber Sie sind reingelegt worden. Sie können hier mit diesen Billetts nicht durch, und der Grund, daß Sie nicht durchkönnen, ist ...»

Nun, den Grund erfuhren wir nicht – wenigstens nicht gleich –, weil in diesem Augenblick ein furchtbares Hupkonzert von einer ungeheuren Limousine hinter uns einsetzte und eine Stimme schrie: «He, Jenks! Was geht da vor? Machen Sie den Weg frei! Dieser Wagen muß sofort durch!»

Die Stimme kam von einem anderen Polizisten, der älter war als unser Polizist, einen Schnurrbart und mehr Streifen hatte.

Unser Polizist salutierte und sagte: «Entschuldigung, Sergeant. Ich erklärte diesen beiden jungen Damen hier eben, daß sie nicht weiterkönnten, weil ...»

«Kümmern Sie sich nicht um die beiden jungen Damen, Mann! Los, los, ein bißchen munter! Der Wagen seiner Gnaden muß durch! Tempo, Tempo! Schaffen Sie die Taxe dort weg!»

Platz zum Umdrehen war nicht, deshalb bahnte der Schutzmann einen Weg durch die Menge, winkte uns durch und sagte zu dem Chauffeur: «Fahr los, mein Junge! Und sorg dafür, daß du drinnen abbiegst, sonst bist du deinen Führerschein los.»

So gelangten wir ins Krönungsgebiet, nur daß unser Chauffeur nicht abbiegen konnte, als er hineinkam, weil wir in einer Art Kreis oder Zirkus waren, wie man das in London nennt, und eine andere Riesenlimousine mit einem Wappen an der Tür seitwärts hervorschoß, sich vor ihn setzte, während der große Wagen hinter uns immer näher kam; da saßen wir in einer Prozession mächtiger Autos. Ich fragte unsern Chauffeur, wohin wir führen, und er erwiderte: «Zur Abbey, Miss. Ich kann hier nicht abbiegen. Ich stecke fest.»

«Dahin wollten wir ja gleich von Anfang an», entgegnete ich.

«Ich möchte nur wissen, was mit unsern Billetts los ist», sagte Swing.

Ich antwortete: «Nichts. Du wirst's sehen! Der Polizist wollte uns nur Schwierigkeiten machen. So sind sie alle.»

Auf diese Weise kamen wir zur Abbey, und es war ganz einfach. Als wir dort eintrafen, mußte unsere Taxe in der Reihe warten, während die Leute ausstiegen. Und ich muß schon sagen: so viele schöne Uniformen habe ich mein Leben lang noch nicht gesehen. Swing meinte, sie sähen alle aus wie Löwenbändiger. Und schließlich fuhr unsere Taxe an der kleinen Seitenpforte vor, wir stiegen aus, und während Swing den Chauffeur bezahlte, zog ich unsere Billetts hervor, und dann gingen wir zur Pforte. Dort standen zwei Wärter in einer Art von mittelalterlichen Kostümen und eine geradezu überwältigende Gestalt in der allerprächtigsten Uniform, mit goldenen Litzen und einer Menge Orden auf der Brust, einem roten Band um die Mütze, einem kurzen Schnurrbart und den tadellosesten weißen Handschuhen; wir zeigten also unsere Billetts vor und waren schon drauf und dran, vorüberzurauschen, als die beiden Wärter uns anhielten und den Überwältigenden riefen. Er kam herüber und warf einen Blick auf unsere Billetts. Zuerst lief er rot an, und dann begann er auf die sonderbarste Art zu zischen, genau als ob etwas überkocht. Er warf Swing und mir einen furchtbar drohenden Blick zu und sagte endlich: «Na, hören Sie mal! Sie wissen doch, daß Sie so was nicht machen können.»

«Was können wir nicht machen?» fragte Swing. «Wir tun doch gar nichts. Wir gehen doch nur zur Krönung.»

Der Mann zischte abermals und wurde purpurrot, ehe er sagte: «Nein, das werden Sie nicht! Was für eine verdammte Dreistigkeit! Ich möchte wetten, Sie sind Amerikanerinnen!»

Ich sagte: «Gewiß sind wir Amerikanerinnen. Wir sind Debütantinnen aus Chicago. Und wir haben unsere Billetts für die Krönung, und nun möchten wir hineingehen. Ich weiß, wir haben uns ein wenig verspätet, aber darüber brauchen Sie doch nicht so aufgeregt zu sein. Es kommen auch andere zu spät.»

«Zu spät? Zu spät? Das will ich glauben, daß Sie zu spät kommen. Verdammte Unverschämtheit! So hören Sie doch, Sie müssen sofort hier weg! Diese Billetts gelten überhaupt nicht.»

Swing flüsterte: «Oh, oh, ich wußte doch, daß an dem Mann etwas faul war.»

Aber ich wollte nicht weggehen, ehe die Sache geklärt war, und sagte deshalb: «O doch, sie gelten wohl. Wir haben für jede Karte sechs Pfund gezahlt. Wie können Sie behaupten, sie gelten nicht, wo die die Krone und alles aufgedruckt haben und den Namen des Königs und der Abbey?»

Nun, diesmal kochte der Mann wirklich. So rasend war er. Und dann nahm er die Billetts, hielt sie uns vor die Nase und sagte: «Kann vielleicht zufällig eine der jungen Damen lesen?» Selbstverständlich erklärten wir ihm, daß wir das könnten, und da sagte er: «Nun, dann wäre ich Ihnen überaus verbunden, wenn Sie mir das hier vorlesen wollten.» Und dabei deutete er mit dem Finger auf die Karte. Ich las also vor: «Krönung Seiner Majestät Georgs ...»

«Ja, weiter», sagte Captain Fizz. «Und was kommt danach?»

«Nun, ein V – eine Fünf», sagte ich, «Georg der Fünfte. Und was stimmt da nicht?»

«Oh, ich muß schon sagen», rief der Hauptmann aus, nachdem er wieder entsetzlich gezischt hatte. «Was daran nicht stimmt? Es stimmt alles ganz genau, nur daß dies die Krönung Georgs des Sechsten ist. Dieses Billett galt vor sechsundzwanzig Jahren, aber nicht heute!»

«Na, und?» sagte Swing. «Seien Sie doch nicht so kleinlich! Was spielt denn das für eine Rolle? Das ist ja fast Georg der Sechste. Und außerdem haben wir sie bezahlt.»

«Das kann ich nicht ändern», sagte der Hauptmann, furchtbar schäumend. «Sie müssen sofort hier weg, sonst rufe ich einen Polizisten. So hören Sie doch, Sie halten all diese Leute auf ... Ih, ich sag's ja – nun ist's passiert!»

Wissen Sie, er hatte sich nämlich umgedreht, um nachzusehen, wer da wartete. Und natürlich waren das die Leute aus der ungeheuren Limousine unmittelbar hinter uns; der Mann war groß und graumeliert und trug wirklich eine ganz wunderbare Uniform, und kaum sah ihn der arme Captain Fizz, da wurde er schon puterrot, richtete sich auf und erwies ihm die allerstrammste Ehrenbezeigung, und die beiden Wärter an der Tür, die so etwas wie Bootshaken in der Hand trugen, erstarrten, präsentierten ihre Bootshaken, und während so alle salutierten, schlenderten Swing und ich einfach hinein, weil es schließlich nicht unsere Schuld war, daß man die Nummer vom falschen Georg auf unsere Billetts gesetzt hatte, und weil, wie Swing später sagte, so etwas bei König Edward, dessen Name ja eigentlich hätte draufstehen müssen, niemals geschehen wäre; und außerdem hatten wir unsere Karten bezahlt, und nur weil unsere Familien viel Geld haben, brauchen wir es noch lange nicht zum Fenster hinauswerfen.

Sie sehen also, wie wir in die Abbey hineingekommen sind, und es war wirklich ganz leicht; ich habe nie verstehen können, warum die Leute so ein Theater machten, wie schwierig das sei. Wir waren sogar mit den falschen Billetts drinnen, und ich bin überzeugt, wir hätten es genauso leicht ganz ohne Billetts geschafft.

Swing meinte, wir sollten uns lieber gleich Sitzplätze suchen, so machten wir uns also auf und sahen uns um. Aber natürlich war die Abbey einfach gerammelt voll – ich meine, ich habe nie so viele Menschen gesehen –, und natürlich war das ein ganz großartiger Anblick, und die meiste Zeit standen wir einfach herum und starrten wie Närrinnen auf all die Roben, den Hermelin und die Juwelen, und jedesmal, wenn wir uns irgendwo setzen wollten, kam ein Mann in einer andern Uniform und trieb uns weiter. Wirklich, ich bin mein Lebtag nicht so gejagt worden. Wir klammerten uns an unsere Billetts, ließen aber keinen mehr als ein kleines Stück davon sehen aus Furcht, man könnte wieder bemerken, daß wir auf der falschen Krönung waren.

Und dann verliefen wir uns natürlich in der Abbey; es ist der schrecklichste Ort, den man je gesehen hat, voll von Gräbern, und wir wanderten dauernd umher und versteckten uns hinter den Grabmälern, wenn wir jemand in Uniform erblickten, der wie eine Amtsperson aussah. Und schließlich entdeckten wir einen Gang, der zu einer Stelle führte, wo es anscheinend noch einige leere Sitzplätze gab, und wir dachten uns, vielleicht würden die Leute, denen diese Plätze gehörten, nicht kommen, und wenn sie kamen, sind wir eben als erste dagewesen. Wissen Sie, es wurde nämlich schon spät, so flitzten wir also hübsch den Gang hinauf und liefen Captain Fizz genau in die Arme. Ich war zu Tode erschrocken.

Aber wie konnten wir auch ahnen, daß die Plätze, die wir gesehen hatten, die waren, auf denen der König, die Königin, die Pairs und so was sitzen sollten, bis die gekrönt wurden. Natürlich hätten wir nie in die Nähe dieser Plätze gehen sollen, aber plötzlich waren wir da, von Erzbischöfen und so was umringt, und der arme Captain Fizz war puterrot vor Wut, und wir wußten, er war drauf und dran, uns etwas Entsetzliches anzutun; wirklich, ich habe noch nie im Leben einen Mann so rasend gesehen; wir drehten also um und schossen davon, nur rannten wir in der Aufregung in die falsche Richtung; Captain Fizz und eine Menge von Männern, die wie Kammerdiener oder Lakaien aussahen, hinter uns her. Und genau in diesem Augenblick begann die Orgel zu spielen, und eine Menge von Leuten in Kostümen kam den Gang heraufgeschritten, in dem wir uns befanden.

Zuerst drei Sorten von Herolden, geradewegs aus dem Märchenbuch, und dann mehrere Männer in den prächtigsten Kostümen mit einer Menge Juwelen; und natürlich hätten wir auch die Königin erkannt, wenn ihr nicht sechs Sorten von Butlern die Schleppe getragen hätten. Und all die kleinen Jungen oben auf der Empore schrien aus voller Kehle: *«Vivat Regina Elisabeth!»* Hinter ihr ging eine Menge von Frauen und Ehrenjungfrauen in weißen Kleidern mit Diademen. Wissen Sie, wir hatten uns genau in den Zug der Königin verlaufen, und direkt hinter uns schäumte Captain Fizz entsetzlich.

Alle warfen uns grimmige Blicke zu, und der Hauptmann wurde richtig violett, als Swing, die nicht ein bißchen von ihrer Fassung verloren hatte – sie verliert nie die Fassung, das ist, schätze ich, auch eine gute Seite bei der Erziehung zur Debütantin –, zu ihm sagte: «Nun beruhigen Sie sich und erklären Sie uns, was wir tun sollen: wir werden es tun. Wenn Sie uns nicht so gehetzt hätten, wäre das alles nicht passiert.»

Nun, dem Hauptmann fielen die Augen einfach aus dem Kopf, und der Zug hatte uns praktisch schon erreicht, als er seine Stimme wiederfand und flüsterte: «Ordnen Sie sich ein. Um Gottes willen, ordnen Sie sich ein, oder ich bin ruiniert.»

Swing griff nach meiner Hand, und ehe ich wußte, wie mir geschah, wanderten wir im Zug mit den Ehrenjungfrauen, und das alles geschah so rasch, daß niemand wirklich begriff, was sich ereignet hatte. Ich flüsterte Swing zu: «Swing, mir schlottern die Knie so sehr, daß es bestimmt alle hören können.» Und Swing flüsterte zurück: «Halt den Mund und geh weiter. Wir tun einfach, was die andern tun. Es sieht aus, als ob wir einen guten Platz bei der Krönung bekommen.» Und später flüsterte sie: «Dreh dich jetzt nicht um, aber ich glaube, der König geht genau hinter uns.»

Einen Sitzplatz hatten wir natürlich nicht, weil die Hofdamen und die Ehrenjungfrauen sich nicht setzten, sondern zu beiden Seiten der Königin stehenblieben. Aber selbstverständlich machte es uns nichts aus, eine Weile zu stehen, wissen Sie, wir waren schließlich genau dort, wo die Krönung stattfand, und Queen Mary saß in einer Art Loge, und gleich hinter uns eine Menge Leute, die wirklich königlich aussahen. Irgendwie kam es, daß wir, als alle geordnet worden waren, fast neben Queen Elizabeth standen, die eine tolle Person zu sein scheint; sie war nicht ein bißchen nervös, und ich überwand meine Furcht auch, nur daß ich Swing zuflüsterte: «Wenn jemand anfängt, die Ehrenjungfrauen zu zählen, sind wir verloren.» Und Swing antwortete: «Niemand wird sie zählen, aber wenn jemand auf unsere Füße blickt, sind wir dran.»

Natürlich, die englischen Mädchen haben ganz furchtbare Füße, die armen, und die Ehrenjungfrauen, die, wie wir später herausfanden, lauter hohe Adlige waren, schienen wirklich extra große zu haben, so versteckten Swing und ich die unsern, so gut es ging, unter den Kleidern, und dann kam der König mit seinem schimmernden Zug und seinen Butlern, und ich muß sagen, noch nie habe ich so prächtig gekleidete Butler gesehen, und natürlich waren da auch die Kronjuwelen, geradewegs aus dem Tower, so nahe, daß wir sie hätten berühren können.

Sie sehen also, wie nahe wir der Krönung waren; ich meine, wenn wir noch näher gekommen wären, wären wir die Krönung selber gewesen, und ehe die Zeremonie begann, brachte Captain Fizz es fertig, sich hinter uns zu schleichen und zu zischen: «Dafür sehe ich euch im Kerker! Und wenn ihr das geringste Versehen begeht, will ich verdammt sein, wenn ich euch nicht beide erwürge.»

Swing flüsterte: «Seien Sie nicht albern. Verglichen mit der Rolle beim Empfang zu einem Debütantinnentee in Chicago ist das hier ein Kinderspiel.»

In meinem ganzen Leben hat mich nichts so beeindruckt wie die Art und Weise, in der das Lamm von einem König – ich halte ihn für viel attraktiver als Edward – all die Dinge tat, die sie ihn zu tun zwangen. Ich meine, dauernd nahmen sie ihm Kleider ab und legten ihm andere an, beteten über ihm, gaben ihm Gegenstände zu halten und nahmen sie ihm wieder weg, ehe er noch einen richtigen Blick darauf werfen konnte; und vermutlich muß er zum Juwelen-Tower gehen, wenn er sich die Kronjuwelen einmal richtig ansehen will, denn hier hatte er sie kaum in der Hand, da stürzte schon irgendein freundlicher alter Erzbischof herbei, nahm sie ihm ab und gab sie einem andern, und ganz plötzlich reichten sie ihm eine ganze Menge von Dingen auf einmal, und ehrlich, noch nie im Leben hat mir jemand so leid getan: in der einen Hand einen goldenen Ball mit einem Kreuz darauf, in der andern Hand ein Zepter und auch noch etwas im Schoß. Swing sagte, der arme Mann sehe genauso aus wie ein Collegeboy bei einer Teeparty, der einen Teller auf dem Knie zu balancieren versucht, während er eine Teetasse in der einen und ein belegtes Brot in der andern Hand hält.

Dann griff der Erzbischof nach einer Art goldenen Ente und drehte ihr den Hals ab – vielleicht war das auch schon vorher geschehen – ich meine, da passierte so viel – und goß etwas Öl auf einen goldenen Löffel, und einen Moment dachte ich schon, das wolle er dem armen König eingeben, weil der aussah, als würde er sich einfach alles gefallen lassen, doch statt dessen tauchte er nur seinen Finger hinein und machte seine Zeichen auf dem König.

Ach, beinah hätte ich den Teil vergessen, in dem der Erzbischof den König allen Leuten in der Abbey nach allen vier Seiten hin vorstellte, und alle schrien: «Es lebe der König!» Und Trompeten schmetterten, und mir lief eine Gänsehaut nach der andern über den Rücken.

Als der Erzbischof allerlei mit der Krone anstellte, ehe er sie dem König aufsetzte – das arme alte Geschöpf war so nervös, daß er sie beinahe hinwarf – die Krone meine ich –, ließ die Königin ihr Taschentuch fallen. Diese englischen Mädchen standen einfach da und sahen es sich an oder beobachteten die Krönung; deshalb hob Swing, die die nächste war, es auf, gab es ihr und machte ihren kleinen Knicks – sie hatte ihn als Kind von ihrer französischen Gouvernante gelernt –, und die Königin schenkte ihr das süßeste Lächeln, wenn sie auch, wie ich gleich danach feststellte, ein wenig verwirrt aussah, die Arme. Ich meine, sie hatte bestimmt geglaubt, alle Ehrenjungfrauen zu kennen, und da waren wir nun, wissen Sie; aber in dem glitzernden Licht der Abbey sahen unsere Diademe genauso echt aus wie die andern, und es kam mir vor, als hätte ich den Hauptmann ein wenig zischen gehört.

Nun, dann kamen noch mengenweise Zeremonien und Gebete, und

ich glaubte schon, es nähme nie ein Ende, und es war wirklich sehr rührend zu sehen, wie die Lords dem König ihre Huldigung erwiesen, und während das alles vor sich ging, bemerkte ich einen wirklich wunderbar aussehenden Mann in einer prachtvollen Uniform, der ganz in unserer Nähe stand; er hatte lauter blitzende Sterne auf der Brust, und irgendwelche Dinge hingen ihm am Hals, und ich erkannte den Herrn, der hinter uns gewesen war, als wir die Abbey betraten; er sah jetzt nur blaß und mitgenommen und schrecklich müde aus; einmal dachte ich sogar, er schwanke ein wenig, deshalb fragte ich ihn flüsternd, ob ihm nicht wohl sei, und er erwiderte: «O doch, durchaus. Durchaus wohl, meine Liebe.»

Aber das war ganz und gar nicht der Fall, und mir kam eine plötzliche Inspiration, deshalb sagte ich: «Haben Sie Hunger?»

Er flüsterte: «Ich sterbe vor Hunger, mein Kind. Bin die ganze Nacht aufgewesen, wissen Sie. Und habe vergessen, etwas zu mir zu nehmen. Zu dumm.»

«Möchten Sie ein belegtes Brot?»

«Ob ich ein belegtes Brot haben möchte? Lieber Gott, Kind, Sie wollen doch nicht etwa sagen, daß Sie ein belegtes Brot haben?»

Ich versetzte also Swing einen kleinen Tritt, und sie gab mir die Nadel, die sie zu diesem Zweck mitgenommen hatte, und ich zog die Fäden aus dem einen Panier meines Kleides heraus, öffnete es und steckte dem Herrn ein Käsebrot zu, ordentlich in Wachspapier eingepackt. Er kippte beinahe um, als er es in der Hand hielt. Dann verzog er sich hinter einen Pfeiler, und als er zurückkam, sah er viel besser aus und flüsterte: «Gott segne Sie, mein Kind. Ich weiß nicht, wer Sie sind, aber offensichtlich sind Sie ein Engel, den der Himmel gesandt hat. Hören Sie, darf ich Ihnen einen Freund schicken? Dem armen Crommartin geht's noch schlimmer als mir. Hätten Sie vielleicht für den auch noch eins?»

Ich sagte: «Aber gern.» Und als er wissen wollte, wie wir den Freund erkennen würden, wisperte Swing aus dem Mundwinkel: «Er braucht bloß zu sagen, er sei O. K.»

Und nach einer Weile näherte sich von hinten ein großer magerer Mann, der den prächtigsten Samtmantel trug, den ich je gesehen habe, und sagte: «Eins, zwei, drei, vier, die fünfte von links. Richtig, die Kleine mit dem hellbraunen Haar. Hören Sie, meine Liebe, Buckminster sagt, ich sei O. K.»

Also gaben wir ihm ein belegtes Brot, und er wartete kaum, bis er hinter einem Pfeiler war, da fing er auch schon an, es zu essen, der Arme, so ausgehungert war er. Und natürlich hatte er auch wieder einen Freund, und wir fütterten alle, bis unsere Brote zu Ende waren. Einer der Männer mußte dem König huldigen und kniete am längsten vor ihm; alle glaubten, er müsse seine Bewegung hinunterschlucken, doch so war es nicht, er bemühte sich, das letzte Stück Brot hinunterzuwürgen, ehe er sprach; ich war so aufgeregt vor Furcht, er bekäme es nicht hinunter, daß ich fast gestorben wäre.

Schließlich kamen sie herüber, um auch die Königin zu krönen, und ich war einfach versteinert vor Angst, ich könnte etwas falsch machen, aber ich beobachtete die andern Ehrenjungfrauen – die richtigen, meine ich – und tat, was sie taten, und stand, wo sie standen, und es war wirklich nichts für uns zu tun, weil da viele Adlige waren, die eine Art goldenes Sonnensegel über sie hielten. Doch Swing und ich standen auf dem Sprung, einzugreifen und zuzufassen, falls sie das goldene Ding fallen lassen sollten, allzu sicher wirkten sie nicht, wie sie es da hielten. Aber es ging alles gut bis zu dem Augenblick, als der reizende Erzbischof von Canterbury der Königin den Ring an den Finger steckte und zu sagen anfing: «Empfange diesen Ring, das Siegel eines aufrichtigen Glaubens ...» Da bekam Swing den Schluckauf, und der Erzbischof drehte sich um und sah sie an, und sie erschrak, aber nicht genug.

Nun, und gerade als der Erzbischof die Krone vom Altar nehmen sollte, um die Königin zu krönen, entstand das schrecklichste Schweigen in der Abbey – ich meine, man konnte nichts hören außer Swings Schluckauf –, und ich weiß, das war der entsetzlichste Augenblick meines Lebens außer dem einen Abend bei einem Hockeyspiel in Chicago, als ein Yale-Boy aus unserer Gruppe aus der Loge auf das Eis fiel und beide Mannschaften mit ihren Schlittschuhen über ihn wegliefen. Captain Fizz hatte sich offensichtlich entschlossen, endlich ein Ende zu machen und Swing zuerst zu töten, denn ich sah ihn auf uns zuschleichen, hinten herum, Mordlust in den Augen, und glücklicherweise sah ihn Swing auch, und das erschreckte sie so sehr, daß ihr Schluckauf aufhörte und der Erzbischof die Königin krönte.

Als der Krönungsteil nun vorüber war und der Zug sich wieder formierte, meinten wir, es wäre vielleicht besser, nicht wieder mitzugehen, deshalb schritten wir nur ein Stück im Zug, bis dahin, wo wir uns am Anfang angeschlossen hatten, und bogen dann in einen Quergang ab, an dessen Ende wir eine Tür gesehen hatten. Wir waren nur nicht schnell genug, weil Swing sich mit dem Absatz im Kleidersaum verfing und beinahe hinfiel und Captain Fizz hinter uns herkam. Wir sahen, daß er immer noch wütend war, deshalb rafften wir die Röcke und rannten, was wir konnten, Captain Fizz dicht hinter uns her. Wir gelangten durch die Tür und hinaus auf die Straße, doch da standen Soldaten zu beiden Seiten, dahinter Polizei, so daß wir nicht abbiegen konnten; und Captain Fizz zischte und atmete uns direkt in den Nakken. Vor der Tür war eine Kutsche vorgefahren, und wir waren von solch panischem Entsetzen erfüllt, daß wir darauf zuliefen, die Tür aufrissen und hineinsprangen, gerade als Captain Fizz sagte: «Jetzt habe ich euch.» Aber er hatte uns nicht.

Wissen Sie, in der Karosse saß nämlich dieser ungeheure Farbige – ich meine, er war wirklich sehr stattlich –, und er war in den schönsten Goldbrokat gekleidet, den ich je gesehen habe, und trug ein goldenes Ding wie eine Pagode auf dem Kopf, goldene Ketten um den Hals und eine Menge Sterne und Orden dazu; und als Captain Fizz den Schlag der Karosse aufriß, beugte er sich vor und fragte mit vollendet sanfter Stimme: «Ist etwas nicht in Ordnung?»

Nun, so was wie den Blick des armen Captain Fizz habe ich mein Leben lang noch nicht gesehen, er war einfach orangerot vor Zorn, doch er mußte zurücktreten und salutieren. Und während er salutierte und sagte: «Ich bitte um Vergebung, Euer Hoheit», fuhr die Kutsche ab.

So sahen wir also auch den Zug nach der Krönung. Ich meine, so kamen wir selber in den Zug, weil wir in der Karosse des Ambeok von Negotora, Sultans von Amu Penang, saßen. Natürlich war er ein Wilder, obwohl er das wunderbarste Englisch sprach, denn er war in Oxford erzogen worden; aber er war wirklich reizend und sagte, er freue sich so sehr, uns zu sehen, weil er gelaubt hatte, er müsse die lange Fahrt den Krönungsweg entlang ganz allein noch einmal machen; er wollte nicht zulassen, daß wir ausstiegen, und erzählte uns alles über sich selber und all seine Frauen und Juwelen; und es war wirklich eine Erleichterung, endlich einmal einem Menschen zu begnen, der mehr Geld hatte als unsere Familien. Und wir erzählten ihm von Chicago und daß wir Debütantinnen seien, und von unsern Parties. Er war wirklich gefesselt und sagte, er wolle uns gern einmal in Chicago besuchen, und Swing erwiderte: «Ja, tun Sie das, aber bestimmt.» Er hatte einen goldenen Stock mit einer Art Rüsche und kleinen goldenen Troddeln am Ende, und das schien sein königlicher Fliegenwedel zu sein. Swing erbot sich, ihn in Tätigkeit zu setzen, und davon war er sehr angetan; nicht, daß es Fliegen gegeben hätte, aber er war gewohnt, dort zu leben, wo es welche gab, und hatte es in jedem Fall gern, wenn er in Tätigkeit war.

Die Straßen waren voller Menschen, und als wir am Embankment an Tausenden und aber Tausenden von Schulkindern entlangfuhren, schrien sie alle, und der Ambeok zeigte uns, wie wir uns bei dem Beifall der Menge verneigen mußten. Wir hatten wirklich noch nie so viel Erfolg gehabt – ich meine, unsere Familien wären stolz auf uns gewesen, wenn sie uns erlebt hätten –, und wir wünschten nur, einige von unsern Freunden aus Chicago könnten uns sehen – denn wir stellten wirklich etwas dar mit dem Ambeok, der grinste und sich verbeugte, und Swing, die ihm immer wieder mit dem königlichen Fliegenwedel den Nacken streichelte, während ich anmutig winkte –, sie wären einfach gestorben.

Besonders großen Erfolg hatten wir auf der Oxford-Street und am Marmorbogen; als wir durch Hyde Park fuhren, schlug ich Swing vor, ob wir nicht lieber bald aussteigen sollten, weil wir schon auf dem Weg zum Buckinghampalast waren, wo wir ziemlich sicher Captain Fizz begegnen mußten, der uns offensichtlich nicht leiden konnte; vielleicht könnte der Sultan uns irgendwo absetzen, und wir führen mit einer Taxe nach Haus. Doch Swing fand solchen Spaß an der Betätigung des Fliegenwedels und der Verbesserung ihrer Technik – sie sagte, sie habe eben begonnen, einen Rückhandschlag zu entwickeln –, daß sie nichts davon hören wollte; so fuhren wir also weiter, und als wir am Constitution-Hill durch den Bogen fuhren, bat der Sultan Swing, ihn zu heiraten, und versprach ihr, sie zu seiner Ersten Frau zu machen. Und Swing, die ein schwärmerisches Mädchen ist, sagte, sie wolle es sich überlegen, und dann bat mich der Gute, der wirklich ungemein höflich war, ihn ebenfalls zu heiraten, damit wir weiter zusammenbleiben und seinen Frauen beibringen konnten, wie man Debütantin wird.

Jedenfalls versprachen wir, ihn im Savoy zu besuchen, wo er abgestiegen war, und ein Glas Sherry mit ihm zu trinken. Die Karosse hielt am Buckinghampalast, wir verabschiedeten uns, er ging hinein, und wir standen auf dem Bürgersteig und sahen uns nach einer Taxe um, als wir Captain Fizz genau in die Arme liefen.

Ich bin fast gestorben, er zischte einen Augenblick wütend, dann packte er uns beide am Arm und sagte: «Aha! Es ist mir also doch gelungen, euch zu finden. Unerlaubter Aufenthalt in der Abbey. Störung der Krönung. Diesmal kommt ihr mir nicht davon.»

«Wir haben nicht gestört», sagte Swing. «Wir haben geholfen. Hören Sie auf, mich zu kneifen!»

«Ich kneife Sie nicht», erwiderte Captain Fizz. «Ich übergebe Sie der Polizei. Unverschämte Dreistigkeit. Aber von Amerikanern ist nichts anderes zu erwarten!»

«Ich trete ihn», flüsterte Swing mir zu. «Dann rennst du!» Doch ehe sie das ausführen konnte, fuhr eine weitere Staatskarosse vor und hielt. Und der stattliche grauhaarige Mann, den wir mit unserm Käsebrot verpflegt hatten, stieg aus. Er sah uns und kam sofort auf uns zu und sagte: «Fitzwarrine, was ist da los?»

Swing flüsterte: «Ich wußte doch, daß sein Name etwas mit Fizz zu tun haben mußte.»

Diesmal salutierte der Captain nicht. Aber er reckte sich und sagte: «Ich hab sie gefaßt, Euer Gnaden. Unerlaubter Eintritt in die Abbey. Teilnahme am Krönungszug. Störung der Krönung. Ich will sie gerade der Polizei übergeben. Das wird diesen dreisten Amerikanerinnen ein Denkzettel sein! Einfach hierherzukommen und sich in unsere Krönung einzumischen. Wir mischen uns doch auch nicht in ihre Präsidentenwahl ein!»

Der «Euer Gnaden» angeredete Herr sah uns einen Augenblick an und sagte: «Es sind Engel, Fitzwarrine. Da muß ein Irrtum vorliegen. Es sind Engel. Sie haben mir ein Käsebrot gegeben, als ich am Verhungern war. Crommartin bekam auch eins und Trevelyan ebenso ... Sie haben wohl nicht zufällig noch eins?» Diese Frage stellte er an mich.

Fitzwarrine zischte wieder, aber nicht sehr, und sagte dann: «Tut mir leid, Sir. Pflicht. Unerlaubte Anwesenheit in der Abbey. Falsche Billetts. Wahrscheinlich gefährliche Personen. Keine andere Möglichkeit, als sie der Polizei zu übergeben.»

Der nette alte Herr betrachtete uns abermals, lächelte und sagte: «Wer sind Sie, meine lieben Kinder?»

Ich erwiderte: «Wir sind Debütantinnen aus Chicago.»

«Ich bin Janet Pierce», sagte Swing, «und dies ist Audrey Westmar. Und Sie können uns beide in den Kerker sperren, wenn Sie das wollen, aber wir werden berichten, wie wir betrogen worden sind, als wir ein Billett für die Krönung kaufen wollten. Und ich wünsche, daß das Londoner Büro der Harriman-Pierce-Läden unverzüglich verständigt wird.»

«Eh?» machte Fitzwarrine. «Eh? Harriman Pierce? Oh, ich muß schon sagen. Doch nicht Harriman Pierces Tochter? Oh, ich muß schon sagen, wie unangenehm! Wie überaus unangenehm!»

«Sehr unangenehm für Sie», sagte der alte Herr, der seinen Spaß zu haben schien, zu Fitzwarrine.

«Ich muß schon sagen», sagte Fitzwarrine. «Ich will verdammt sein, wenn ich noch weiß, was ich jetzt tun soll. Überaus peinlich. Pflicht und all das. Unerlaubte Anwesenheit in der Abbey. Müßte sie der Polizei übergeben.»

«Nun und», sagte Swing, die ein unheimliches Gefühl dafür besaß, wann sie Oberwasser hatte, «und warum tun Sie's nicht?»

«Sie haben gut reden: Warum tun Sie's nicht?» erwiderte Fitzwarrine. «Das bringt mich in eine verflixt peinliche Situation. Wissen Sie, ich bin nämlich Lord Eilton.»

Als er das sagte, wußte ich natürlich sofort, daß wir obenauf waren, denn Swing erfährt eine ganze Menge über das Geschäft ihres Vaters, und Lord Eilton war der Aufsichtsratsvorsitzende der englischen Zulieferbetriebe der Harry-Pierce-Läden; außerdem besaß er selbst mehrere große Fabriken in Manchester, und die Harriman-Pierce-Läden kauften einen Haufen Dinge bei ihm.

Und dann ergab sich, daß der nette alte Herr, den wir in der Abbey gefüttert hatten, der Herzog von Buckminster, der Onkel des Königs war, ein ganz reizender Mensch, und der sagte schließlich: «Hören Sie mal zu, Fitzwarrine, angenommen, ich genehmigte nachträglich die Anwesenheit dieser beiden jungen Damen in der Abbey. Würde Sie das erleichtern? Der Teufel soll mich holen, wenn ich noch einmal eine Krönung ohne die jungen Damen mitmachen möchte ... Haben Sie wirklich nicht noch irgendwo ein belegtes Brot bei sich, mein Kind?»

Nun, damit war alles geregelt, und Captain Fizz – ich meine Lord Eilton – war sehr erleichtert, und er ist wirklich ein Prachtkerl, wenn man ihn kennenlernt und er sich nicht gerade um eine Krönung kümmern muß, weil sich herausstellte, daß er bei dieser etwas furchtbar

Amtliches war; er geleitete uns durch die Absperrung, besorgte uns einen Wagen und schickte uns nach Haus, doch nicht ehe er uns zum Krönungsball in der Albert Hall am nächsten Abend in seine Loge eingeladen hatte, und er sprach eine Menge von Händen, die sich über das Meer strecken, und ich bin überzeugt, er wird Swing einen Heiratsantrag machen – das tun alle –, und wenn er es tut, wird sie ihm hoffentlich erklären, daß sie mit dem Ambeok von Negotora, Sultan von Amu Penang verlobt ist, aber jedenfalls habe ich mein Lebtag noch nicht so viele reizende Menschen kennengelernt, und wir haben die Krönung doch gesehen, für praktisch keinen Cent und ohne jede Mühe, und trotzdem haben uns viele Leute, die wir später trafen, gesagt, es sei ihnen nicht einmal gelungen, auch nur den Zug zu sehen.

Der Krönungstag

Die Räder des Krönungssonderzugs von Sheffield, der am Krönungstag, dem 2. Juni 1953, um sechs Uhr früh im Londoner St. Pancras-Bahnhof eintreffen sollte, sangen ihr stetiges, einschläferndes Dickety-clax, Dickety-clax. Die Lokomotive, die die schwere Last durch die Landschaft zog, sandte, da sie sich einem Bahnübergang näherte, ein hysterisches Heulen in die regennasse Nacht. Niemand schlief in dem Abteil dritter Klasse, das von den fünf Mitgliedern der Familie Clagg und drei anderen Passagieren besetzt war, obwohl die Großmutter die Kinder unaufhörlich ermahnte, es doch zu versuchen, da ein langer, aufregender Tag vor ihnen lag.

Gewiß, der eigenbrötlerische Herr mit der Melone, der in der Ecke saß, bemühte sich trotz allem einzunicken. Er hatte den Fensterplatz besetzt, auf den es der elfjährige Johnny Clagg, das ältere der beiden Kinder, abgesehen hatte. Johnny hätte gern dort gesessen, um den Versuch zu unternehmen, durch die schmutzigen, vom Regen gestreiften Fensterscheiben zu blicken und seine lebhafte, unternehmungslustige Phantasie allerlei Abenteuer im Dunkel erträumen zu lassen. Gelegentlich veranlaßte ihn ein von den Straßen in der Nähe aufblitzender Lichtkegel eines Autoscheinwerfers, sich in einen tollkühnen Meldereiter zu verwandeln, der die Nachricht, die das Regiment retten sollte, durch die feindlichen Stellungen trug. Er rückte ganz nahe an den Mann am Fenster heran, um sich besser vorstellen zu können, wie er in der stockfinstern Nacht durch den feindlichen Kugelhagel raste. Immer wieder mußte ihn seine Mutter mit der Mahnung zurückzerren: «Johnny, stoß doch nicht den Herrn; er möchte schlafen!»

Johnny seufzte und gehorchte. Die Erwachsenen – sei es Mama, sei es Großmutter – zertrümmerten immer im dramatischsten Moment seine Phantasiegebilde.

Seine Schwester Gwendoline, die sieben Jahre alt war, blätterte in den Seiten einer Festschrift mit Fotografien der Königin, die an diesem Tage gekrönt werden sollte.

Sie trug ihr bestes Kleid, das ihr, obwohl der Saum ausgelassen worden war, etwas zu klein war. Mrs. Clagg hatte ihr rote, weiße und blaue Bänder in ihre zwei aschblonden Zöpfe geflochten, und diese aufgesetzten Farbtupfen gaben ihrem Aussehen einen erstaunlichen Reiz. Die großen, hellen Augen und Augenbrauen, die sie von ihrer Mutter hatte, und das kräftige Kinn, das sie von ihrem Vater geerbt hatte, ließen sie eher spitzbübisch als hübsch erscheinen.

Gwendoline dachte an nichts anderes als an Elisabeth die Zweite. Schon Wochen vor der Krönung hatte die Königin tagsüber ihre Gedanken beherrscht und nachts bisweilen auch ihre Träume; in einem von diesen war sie sogar von ihr umarmt und liebkost worden. Nach dem Erwachen war sie damals still liegen geblieben und hatte an den wunderbaren Traum zurückgedacht, an das weiche, weiße Gewand, das die Königin getragen hatte und an die Schmetterlingskrone auf ihrem Haupt. In einer Hand hatte sie einen Zauberstab getragen, mit einem Stern am Ende, und sie hatte einen himmlischen Duft ausgestrahlt.

Ungeachtet des kargen gelben Lichts der abgeblendeten Lampen starrte Gwenny genauso fasziniert wie früher auf die Fotografie auf dem Umschlag des Büchleins. Sie beugte sich immer wieder nieder und preßte ihre Wange gegen die des Bildnisses der lächelnden, mit einer Krone geschmückten Königin auf der glatten Oberfläche des Kunstdruckpapiers und flüsterte: «Ich liebe dich!»

Nicht etwa, daß das Kind nach Zärtlichkeit dürstete. Violet Clagg war eine liebevolle und warmherzige, wenn auch immer müde und abgearbeitete Mutter. Es lag eher daran, daß sich in Gwendolines Bewußtsein die Vorstellung von einer lichten, ungemein schönen und strahlenden Über-Mutter geformt hatte.

Es gelingt manchmal Zeichnern, die Kindergeschichten und Märchen illustrieren, bis zu dem Herzen eines Kindes vorzudringen und ihm ein Bild vorzuzaubern, das sich seinem Geist in der einen oder der andern Form für das ganze Leben einprägt. Ein solches Wesen war für Gwendoline die Schmetterlingsprinzessin geworden, ein blasses Mädchen, zart wie Altweibersommer, das in einem ihrer Bücher das Volk der Falter regierte. Wenn sie abends im Bett lag, pflegte Gwendoline vor dem Einschlafen dieses Phantasiegeschöpf zu besuchen.

In der letzten Zeit hatte Gwenny eine neue Liebe entdeckt: die Königin. In all den Hunderten von Fotografien von ihr, die sie sah, war etwas – die zierliche Gestalt, das Lächeln, die stillen, ernsten Augen –, das ihr ans Herz rührte. Die Königin war Wirklichkeit. Sie lebte. Die Schmetterlingsprinzessin war nur eine farbige Zeichnung in einem Bilderbuch. In jenem magischen Vorgang, um den nur Kinder wissen, waren Märchenprinzessin und Königin zu einem einzigen Wesen verschmolzen, und Gwennys geheimstes Sehnen wandte sich ihm nun zu, so wie eine Blume, sich auf ihrem Stengel drehend, ihr Antlitz der Sonne zukehrt. Jetzt war sie auf dem Weg zu einem Rendezvous mit ihr.

Das Kind hob das Gesicht von dem Büchlein und suchte sich aufs neue zu vergewissern, daß dem tatsächlich so war. Sie faßte ihre Mutter beim Arm. «Werde ich sie wirklich sehen? Wird sie mich auch sehen können?»

Mit der aus langer Gewohnheit stammenden Interesselosigkeit und der automatischen Reaktion einer Mutter, die es gelernt hat, sich mit mehr als einem Kind abzugeben, antwortete Violet Clagg: «Ganz richtig, Liebling!», ohne ihre eigenen Gedankengänge zu unterbrechen, in deren Mittelpunkt sich gerade die Vision einer in eine weiße Serviette gehüllten Flasche Champagner befand, die von einem livrierten Diener serviert wurde. Sie sah sich selbst, wie sie, den kleinen Finger elegant gekrümmt, ein langstieliges Glas in der Hand hielt. Der gelbe Wein war im Begriff, aus der Flasche zu schäumen.

«Aber wie nahe, Mami? Wie nahe wirklich?»

Violet Clagg kämpfte gegen die Beharrlichkeit ihrer Tochter an, so wie sie sich immer gegen die Beharrlichkeit ihrer Mutter – Großmutter Bonner – wehrte, gegen die Beharrlichkeit ihres Gatten und gegen die noch harscheren Anforderungen des modernen Lebens, mit denen sie niemals fertig zu werden schien. Sie war eine unansehnliche, gutmütig dreinblickende, von allen ausgenutzte Frau.

Filme und grellfarbige Inserate in Frauenzeitschriften hatten sie an die Schwelle des glanzvollen Luxuslebens herangeführt. Aber es war ihr noch nie vergönnt gewesen, diese Schwelle zu überschreiten, zumindest nicht bis zu dem Abenteuer, auf das sie sich nun eingelassen hatten. In ihrem Leben waren Erwartungen nur sehr selten erfüllt worden, und die Apathie der Enttäuschungen war daher tief in ihr verankert. Sie konnte es kaum glauben, daß es diesmal eine Ausnahme von der Regel geben würde. Aber saß sie nicht wirklich und leibhaftig in dem Zug nach London, um dort festliche Menschen und Fahnen und Musikkapellen und schöne Kleider, Juwelen und Diademe zu sehen und die gekrönte Königin von England – und um Champagner aus einem ganz besonderen Glas zu trinken?

«*Wie* nahe, Mami?»

Sie kapitulierte. «Nun ja, vielleicht fast so nahe wie deinen Vati. Du kannst ihr so zuwinken...» Sie faßte die Hand ihrer Tochter und machte eine unsichere Bewegung in der Richtung auf Will Clagg, ihren Gatten. Dieser erklärte gerade einem ältlichen Textilwarenhändler aus Salford und dessen Frau, wie es ihm gelungen war, sich fünf Fenstersitze in Wellington Crescent in der Nähe von Hyde Park Corner zu verschaffen, wo man die Prozession am besten sehen würde. Denn der Krönungszug sollte, von Piccadilly kommend, in Wellington Place einbiegen und dann wieder eine Schwenkung durchführen, um durch den Park zu ziehen. Infolgedessen würde man an diesem besonderen Platz die Prozession tatsächlich zweimal sehen.

«Mein Vetter Bert in London verschaffte mir die Karten», sagte er. «Wir dachten an Tribünensitze, aber er hat gute Verbindungen. Er arbeitet für ein großes Autovermietungsunternehmen.»

Großmama Bonner, Mrs. Claggs Mutter, die Inkarnation aller Großmütter – stahlgraues Haar, das in einem Knoten zusammengefaßt war, flink, mit unruhigen, kritischen Augen hinter stahlgefaßten Augengläsern und einem schmalen, vertrockneten, mißbilligenden Mund –, sagte jetzt ihr Sprüchlein, wie sie es immer tat, wenn Bert erwähnt wurde. Bert war Wills Vetter, gehörte also dem falschen Zweig der Familie an. «Mir ist nichts von Berts Beziehungen bekannt», sagte sie. «Er wäscht nur die Wagen.»

Will Clagg blickte verärgert vor sich hin. Er war ein stämmiger Mann mit einer untersetzten, muskulösen Figur, so wie es sich für den Vorarbeiter am Schmelzofen Nr. 2 der Pudney-Stahlwerke, Great Pudney am Stadtrand von Sheffield geziemt. Sein dunkler Sonntagsanzug und Regenmantel gaben ihm ein noch schwerfälligeres Aussehen. Aber trotz seiner plumpen Gestalt, trotz seinem dunklen Haar und Schnauzbart hatte er etwas Liebenswertes, und eine Art unvergängliche Unschuld schimmerte in seinen blauen Augen. «Er hat sie uns verschafft, nicht wahr?» sagte er und griff in die innere Tasche seiner Jacke, um sich zu vergewissern, daß sie noch da waren. «Wollt ihr sie mal sehen?» fragte er.

Wie jedesmal, wenn er die Billetts zeigte, wurde die ganze Familie elektrisiert, einschließlich Großmutter Bonner, und rückte näher heran, um die Karten in ihrem majestätisch blau-goldenen Glanz zu bewundern. Johnny kehrte aus der schwarzen, nächtlichen Außenwelt zurück.

Er hatte sein Motorrad gegen einen Panzer ausgetauscht und von dessen Turm aus die Befehle erteilt, die für die Vorbereitung eines Angriffs in der Morgendämmerung notwendig waren. Die Großmutter drehte sich auf ihrem Sitz um und blickte über ihre Augengläser. Violet Clagg fühlte, wie sich in ihrem Busen fast unerträglich süße Gefühle von Stolz und Glück mengten. Selbst Gwenny riß sich einen Augenblick lang von ihrer Beschäftigung mit den Bildern der Königin los.

«Hier sind sie!» sagte Will Clagg, als er sie stolz aus seiner Brieftasche zog und eines davon seinem Nachbarn reichte.

Das Billett war aus steifem, azurfarbenem Karton. Der Text war in erhabenen Goldbuchstaben gedruckt, über einem großen «E II R» in der Mitte. Er lautete: «Krönungsprozession 2. Juni 1953. Einlaß für eine Person, Wellington Crescent 4, Hyde Park Corner, S. W. 1., Fenster Eins, Reihe A. Sitz 1.» Ein weiterer Vermerk besagte, daß das Billett nicht übertragbar war, daß sein Preis fünfundzwanzig Guineen betrug, ein Frühstück um acht Uhr und ein Mittagessen mit Champagner inbegriffen. Schließlich wurde erwähnt, daß die Räumlichkeiten von der Victoria-Krönungsgesellschaft m. b. H., Victoria Road 18, London S. W. 1., gemietet worden waren.

Das Billett machte einen tiefen Eindruck auf den Textilwarenhändler, weniger seiner Eleganz wegen als durch seinen Preis. Er sagte: «Fünfundzwanzig Guineen! Du liebe Güte, das ist ein schöner Haufen Geld!» Nach einer schnellen Kopfrechnung war er noch stärker beeindruckt. Hunderfünfundzwanzig Guineen – das mußte ungefähr dem Lohn entsprechen, den der Vorarbeiter des Stahlwerks in zwei Monaten bezog!

Die Erwähnung der fünfundzwanzig Guineen veranlaßte den in der Ecke sitzenden Herrn mit der Melone die Augen zu öffnen und zwinkernd die Karten in Claggs Händen zu betrachten. Clagg sah jedoch plötzlich so entsetzt drein, als ob man ihn verdächtigt hätte, die Bank von England beraubt zu haben. «Wir haben gar nicht so viel dafür bezahlt!» protestierte er, «gütiger Himmel, natürlich nicht! Bert bekam sie dank seiner Beziehungen für zehn Pfund das Stück.»

Obwohl sie von den Billetts geblendet war, konnte sich die Großmutter nicht die Bemerkung verkneifen: «Über Berts Beziehungen möchte ich gern einmal etwas erfahen!» Worauf ihn Clagg eifrig verteidigte: «Das wirst du vielleicht auch, wenn wir in London sind! Vermutlich werden ein paar Großkopfete genau dort sein, wo wir sitzen!»

Der Mann in der Ecke, der Hakennase und Knopfaugen eines Papageis hatte, riß sich zusammen und streckte plötzlich die Hand aus, um das Billett in Augenschein zu nehmen. Vielleicht war er irgendwann einmal von irgend jemandem begaunert worden, oder er war einfach von Natur aus mißtrauisch, jedenfalls untersuchte er das Ding so gründlich, wie man es tun konnte, ohne es in seine Bestandteile aufzulösen. Er begutachtete beide Seiten, hielt die Karte gegen eine Lampe und kratzte sogar einen Augenblick lang mit seinem schmutzigen Fingernagel an dem Gold der Buchstaben, was Clagg zu dem erschreckten Ausruf veranlaßte: «Heda, lassen Sie das gefälligst bleiben!»

Ohne dadurch aus der Fassung gebracht zu werden, blickte der Mann auf die Spur Goldstaub, die jetzt an seinem Fingernagel haftete, und gab, nachdem er seine Untersuchung abgeschlossen hatte, Clagg die Karte zurück mit der Bemerkung: «Erstklassig! Ganz famos gemacht. Ich arbeite nämlich selbst im Druckereigewerbe.»

Jeder stieß einen Seufzer der Erleichterung aus. Clagg ertappte sich dabei, wie er mit seinen dicken Fingern die erhabenen Buchstaben liebevoll befühlte. «Möchten Sie sich's mal ansehn?» fragte er den Textilwarenhändler und seine Frau.

Sie nahmen die Karten und wunderten sich nicht nur über die Genüsse, die auf den Billetts versprochen wurden, sondern auch über den glücklichen Gelegenheitskauf. Violet Clagg sagte: «Stellen Sie sich nur vor: Sie sehen die Königin sooo nahe in ihrer goldenen Kutsche vorbeifahren! Die Kinder werden da ein Erlebnis haben, von dem sie noch ihren eigenen Kindern erzählen werden, nicht wahr? Und als Zugabe noch echter Champagner!»

Die Frau des Textilwarenhändlers bemerkte: «Ich beneide Sie. Sie werden in der Erinnerung davon zehren können. Wie Sie es einrichten konnten, daß Sie alle zusammen hinfahren können – das ist meiner Ansicht nach einfach wunderbar.»

«Stimmt!» sagte Will Clagg stolz. «So etwas ist nur möglich, wenn man so eine Familie hat wie diese da. Wir haben darüber abgestimmt. Ferien in Morecambe oder ein Besuch in London zur Krönung? sagte ich. Das eine oder das andere. Beides ist unmöglich. Und jetzt wird abgestimmt! Vier zu eins stimmten für die Krönung.»

«Ich habe nur gesagt, das sieht nach Geldverschwendung aus!» warf die Großmutter scharf ein und beantwortete damit die unausgesprochene Frage der Zuhörer, von wem die eine Stimme gegen den Vorschlag gekommen war. «Wo doch die Kinder ihre zwei Wochen am Meer verbringen sollten!»

Die Frau des Textilwarenhändlers meinte: «Aber jetzt sind Sie doch bestimmt froh, daß Sie hinfahren, oder nicht?»

Die Großmutter war nicht bereit, so schnell zu kapitulieren. «Das werden wir erst sehen», sagte sie mürrisch.

Clagg lachte: «Wenn Großmutter einmal in den Himmel kommt», sagte er, «wird sie es erst dann glauben, wenn ihr die Engel bewiesen haben, daß ihre Flügel tatsächlich angewachsen sind und nicht bloß angeklebt!»

Hinter ihrer Brille kniff die Großmutter ihre kleinen Augen einen Moment lang zusammen mit einer Miene, die, soweit sie das vermochte, ein Gefühl des Hasses ausdrücken sollte. Sie hatte es nicht gern, wenn man sie an das Himmelreich erinnerte oder überhaupt an die für sie jetzt immer gegenwärtige Möglichkeit des Ablebens. Sie war dreiundsiebzig Jahre alt, und die Warnungszeichen des hohen Alters hatten sich eingestellt – ein Zwicken hier, ein Zwacken da, ein unerklärter Krampf oder Schmerz. Die Ängste, die diese Alarmsignale in ihr auslösten, waren ernst genug. Siebzig Jahre waren die dem Menschen zugemessene Zeitspanne. Sie hatte sie um drei Jahre überschritten und meinte, daß sie sich in dieser Beziehung gröblich gegen die Bibel vergangen hatte. Aber sie war von einer unstillbaren Neugierde erfüllt, was wohl der nächste Tag bringen würde. Außerdem wuchsen Johnny und Gwendoline heran, und ihr war die Aufgabe zugefallen, ihnen die althergebrachten Tugenden beizubringen. Kommandieren, das war ihr Leben.

Claggs Scherz veranlaßte alle, sich der Großmutter mit einem freundlichen und amüsierten Lächeln zuzuwenden, denn ein jeder hatte irgendwann einmal alte Damen gleich ihr gekannt, und keiner ahnte, daß die Erwähnung des Wortes Himmel sie gleichzeitig geärgert und geängstigt hatte. Behutsam, fast zärtlich, schob Clagg die Karten wieder in die Tasche.

Kein Mensch im Vereinigten Königreich wäre erzürnter, erstaunter und ungläubiger gewesen als Will Clagg, wenn man ihm gesagt hätte, daß es einen besonderen Grund für ihn gegeben hatte, seine Familie um sich zu sammeln und mit ihr zur Krönung nach London zu fahren. Der Grund war, daß er sich in die Königin von England verliebt hatte.

Er war keineswegs ein Einzelfall. Noch nie seit den Tagen Elisabeths der Ersten hatte eine solche Woge ritterlicher Leidenschaft die Herzen der Männer Englands erfaßt wie an diesem Krönungstag. Die Zeiten mochten sich geändert haben oder nicht, der junge Mann mit dem steifen Hut, der Mann vom Lande in seinen Stiefeln, der Arbeiter in seinem Schlosseranzug – sie alle empfanden den einen jeden erfassenden Auftrieb mittelalterlicher Frauenverehrung, die ‹Domnei› der Troubadoure. Ganz England und das Commonwealth waren vereint in einer gigantischen gefühlsbeschwingten Liebesbeziehung zu ihrer vor der Krönung stehenden Königin. Will Clagg war bloß etwas früher von diesem Gefühl erfaßt worden.

Das geschah, um präzise zu sein, als er nach dem Ableben des Königs ihr Bild in den Zeitungen gesehen hatte. Sie war plötzlich und in größter Eile aus Afrika zurückgekehrt.

Die Fotografie zeigte sie, wie sie beim Verlassen des Flugzeugs einen Augenblick lang auf der Einstiegtreppe zögerte, eine kleine, verlorene Gestalt, schwarz gekleidet, hinter den Rücken ihrer Minister, die in ihren dunklen Anzügen vor ihr aufgereiht waren wie Krähen auf einer Stange. Sie hatte England als frohgemute, junge Prinzessin verlassen und war als trauernde Königin zurückgekehrt. Clagg hatte das Bild lange und schweigend betrachtet und hatte gefühlt, wie sich ihr sein Herz öffnete.

Die Königin hatte damals an alle ihre Untertanen die Bitte gerichtet, für sie zu beten. Nach außen hin neigte Clagg gar nicht zu überschwenglichen Gefühlen, und man konnte ihn auch nicht einen religiösen Menschen nennen. Man wird nie erfahren, ob er der Bitte der Königin nachkam und in jener Nacht ein stilles Gebet für sie sprach, ein einfaches Gebet, in dem er ein Wesen, dessen Name Gott war – ohne daß er sich diesen Gott so recht vorstellen konnte –, darum bat, der Königin beizustehen, sie zu beschützen und zu beschirmen. Aber von diesem Augenblick an war er an sie gebunden. Mit seiner Reise nach London gehorchte er etwas Uraltem in seinem Blut; sie war der Kniefall des loyalen Untertanen vor dem Thron, eine Geste, ein Treuegelöbnis und gleichzeitig ein Akt ritterlicher Galanterie.

Was jedoch die Form betrifft, in der er seinen Empfindungen Ausdruck gab oder sie vielmehr in die Tat umsetzte, war Clagg die Einfachheit und Geradlinigkeit selbst. Er sagte bloß an einem Sonntagnachmittag Anfang April, als sie in dem bescheidenen Haus Imperial

Road Nr. 52 in Little Pudney bei Tisch saßen: «Hört mal, könnten wir nicht alle zur Krönung nach London fahren? Wie wäre das?»

Die Frage hatte seine Familie niedergeschmettert, sprachlos gemacht, begeistert, hypnotisiert, erschreckt und verzaubert. Er hatte sie wie eine glimmende Zündschnur auf den Tisch geworfen, wo sie brannte und sprühte und den Rauch und die Flammen des Abenteuers ausspie.

Natürlich war ihr Geist schon auf die Krönung abgestimmt. Die Zeitungen und Wochenschriften waren seit Monaten voll von Artikeln und Fotografien darüber, und man fühlte bereits, wie die Spannung und Erregung wuchsen und die fernsten Winkel des Königreichs und des Commonwealth jenseits der Meere erfaßten.

Violet Clagg war die erste, die auf das glorreiche Angebot reagierte, auf eine Verheißung, die so reich und strahlend war, wie sie sich sie, nach Abwechslung und Erregung dürstend, zutiefst ersehnt hatte. Wie ein Echo wiederholte sie seine Worte: «Nach London fahren! Zur Krönung! Wir alle? O Will!» Die ganze Intensität ihrer Sehnsucht drückte sich in dem Ton aus, in dem sie die beiden letzten Worte aussprach. Aber dann bemächtigten sich ihrer die alten Ängste und Enttäuschungen. «Wir können doch unmöglich mit den Kindern die ganze Nacht auf der Straße stehen! Für sie ist das ganz unmöglich.» Denn man erzählte bereits, daß die Leute die Absicht hatten, schon einige Nächte vorher auf dem Gehsteig an der Prozessionsroute zu schlafen, um sich ihre Plätze zu sichern.

Johnny hatte gerufen: «Was macht das? Ich könnte die Soldaten sehen!»

Violet fuhr fort, als ob sie begierig wäre, so rasch wie möglich alle denkbaren Einwände vorzubringen: «Und Mutter ist zu ... Ich meine, ihre Füße schwellen beim Stehen an.»

«Laß meine Füße aus dem Spiel», fuhr die Großmutter sie an. «Ihr wollt wohl, daß sich die Kinder in der Kälte den Tod holen? Und wenn es regnet? Wollt ihr sie die ganze Nacht auf der Straße sitzen lassen, so daß sie sich eine Lungenentzündung holen? Du mußt den Verstand verloren haben, Will Clagg!»

«Nein, nein, nein!» hatte Will geschrien. «Ihr laßt einen nicht einmal in seinem eigenen Haus zu Wort kommen! Wer hat ein Wort davon gesagt, daß wir die ganze Nacht durchwachen oder auf der Straße stehen sollen? Wir könnten doch Tribünensitze bekommen. Auf einer gedeckten Tribüne ...»

«Viel zu spät dazu!» murmelte die Großmutter.

Gwendoline hatte ausgerufen: «Könnte ich wirklich die Königin sehn, Papi? Papi, würden wir die Königin in ihrer goldenen Kutsche sehn?»

Clagg betrachtete sie einen Augenblick lang zärtlich und sagte, seine Schwiegermutter ignorierend: «So nah, daß du ihr zuwinken kannst, und sie würde zurückwinken.» Er wandte sich an die anderen: «So würde es sein. In der Zeitung steht heute ein Artikel darüber, wie man Karten bekommen kann. Wir könnten es uns leisten, wenn ...»

«Hach!» schnarrte die Großmutter. «Wenn was? Ich habe den Artikel auch gelesen. Zehn Pfund für eine Karte. Das ist was für Millionäre!»

«Wenn», schloß Will seinen Satz ab, «wenn wir auf unsere Sommerferien verzichten.»

Das brachte für einen Augenblick die Sehnsucht in ihrer Brust und ihre erregten Rufe zum Schweigen. Ihre alljährlichen zwei Wochen Urlaub in Morecambe Bay waren etwas Wunderbares und Kostbares, auf das sich jeder von ihnen freute.

Um es der Reihe nach aufzuzählen: Claggs Stellung und Einkommen als Vorarbeiter machten diesen Urlaub möglich. Für Violet Clagg bedeutete er zwei köstliche Wochen in einem Boarding House, wo sie Mahlzeiten aßen, die jemand anderes zubereitete, von Tellern, die eine andere wusch, wo sie auf Fußböden gingen, die von einer für diese Arbeit bezahlten Person geschrubbt wurden, und wo sie in Betten schliefen, die sie nicht machen mußte.

Der Urlaub versorgte die Großmutter mit ganz neuen Ohrenpaaren, denen sie ihre Ansichten über die Entartung der Welt, die Gräßlichkeit der heutigen Zeit und die Wertlosigkeit der modernen Generation anvertrauen konnte. Und den Kindern verhieß er zwei himmlische Wochen: Rudern, Spiele in Wasserlachen, Schwimmen, Spritzen, Graben, Garnelenfischen, und dazu die wunderbaren und fremdartigen Sehenswürdigkeiten und Geräusche und Gerüche und Speisen der Küste. Der Strand und der Pier mit seinen Spielautomaten und Buden, mit Verkaufsläden und Spazierritten auf Eseln waren das Paradies. Mit dem Taschengeld, das der Vater während der Ferien den Kindern gab, konnten sie allerlei kaufen und ausprobieren und kosten, was es natürlich in Little Pudney niemals gab. Ob Regen oder Sonnenschein, das spielte keine Rolle für die Bootfahrten und die Konzerte auf der

Strandpromenade sowie für alles andere. Weihnachten und Geburtstage waren Feste zweiten Ranges. Man zählte die Wochen vom 29. August, dem Tag der Heimreise, bis zu dem nächsten und scheinbar nie kommenden 15. August, da man sich wieder in Little Pudney in den Familienwagen zwängte und die Reise nach Morecambe antrat.

«So ist es», unterbrach Clagg das fassungslose Schweigen. «Ich habe es ausgerechnet. Wir können nicht beides haben. Wir müssen alle ein Opfer bringen. Was wollt ihr haben?» Er konnte nicht der Versuchung widerstehen, die Waagschalen ein klein wenig auf der Seite seiner eigenen Wünsche zu beschweren, und fügte hinzu: «Eine Krönung kann man nicht oft erleben, nicht wahr? Und eine Königin!»

Sie alle empfanden den Zauber des Wortes Königin; er wirkte sogar auf die Großmutter, denn sie erinnerte sich noch an Königin Viktoria in ihren letzten Lebensjahren.

Aber Clagg hatte es nicht nötig, die übrigen Mitglieder seiner Familie durch Überredungskünste auf seine Seite zu bringen; das Krönungsfieber hatte sie ja schon vor Wochen erfaßt. Sie hatten bereits das Wohnzimmer mit roten, weißen und blauen Papierbändern geschmückt: von den vier Ecken zum Kronleuchter und dann zum Kamin, über dem ein Bild der Königin hing. Sie hatten erwartet, daß sie am Krönungstag in irgendeiner Weise an den Festlichkeiten teilnehmen würden, die man in Little Pudney plante. Jetzt aber beabsichtigte das Haupt der Familie mit unerwarteter und erregender Plötzlichkeit, sie in den Mittelpunkt der Ereignisse zu versetzen, und das bedeutete für Gwendoline Clagg, daß sie die angebetete Gestalt der Königin mit ihren eigenen Augen sehen würde.

«Papi, Papi, ich will die Königin sehen!» Sie brauchte nicht nachzudenken oder lange zu überlegen, welche Wahl sie treffen sollte. Sie wußte nicht, was sie von dieser Verwandlung ihres allabendlichen Einschlaftraums in die Wirklichkeit erwarten konnte; sie wußte nur, daß dies das Ziel ihrer Sehnsucht war. Sie würde das Antlitz der Königin sehen, ihre Augen, ihr Haar und ihre goldene Krone.

Wenn Gwendoline sich nach der Verwirklichung ihrer Phantasien sehnte, so galt für ihren Bruder genau das Gegenteil. Er neigte dazu, die Wirklichkeit der Pracht seiner Träume zu opfern. Oberflächlich gesehen, war Johnny Clagg, elf Jahre alt, ein ganz alltäglicher Junge. In seiner Gestalt und seinem Aussehen, in seinen Schularbeiten, auf dem Fußball- und dem Kricketplatz wich er in keiner Weise von der Norm ab. Aber in dieser ganz und gar nicht bemerkenswerten Person verbarg sich ein anderer John Clagg, dessen Leistungen unbegrenzt und hervorragend waren.

Die Leistungen lagen hauptsächlich auf militärischem Gebiet. Er hatte die Räuber von Sherwood Forest bereits hinter sich, er war mit den mittelalterlichen Rittern fertig. Die Soldaten des Zweiten Weltkriegs, der bei seiner Geburt in vollem Gang war, hatten sich seiner lebhaften Einbildungskraft bemächtigt. Sein ganzes Sinnen und Trachten war auf die Armee gerichtet, und bei Tag träumte er immer davon, wie er auf dem Schlachtfeld vom einfachen Soldaten Clagg zum Hauptmann Clagg befördert wurde. Er war Infanterist, Grenadier, Pionier, Meldefahrer, Panzerkommandant, Artillerist, unsterblich und heroisch. Seine Träume entsprangen Bilderbüchern und Karten mit farbigen, gut ausgerüsteten Soldaten. In seinem Spielzeugschrank gab es Bleisoldaten und einen winzigen Tank, Jeeps und Feldgeschütze, die auf dem Fußboden des Wohnzimmers aufgestellt werden konnten. Aber Johnny hatte die Vorbilder dieser Spielsachen nie in Wirklichkeit zu Gesicht bekommen, wenn man von den uniformierten Urlaubern absieht, die hin und wieder heimkamen, und von der Kanone aus dem Ersten Weltkrieg, die auf dem Hauptplatz von Great Pudney aufgestellt war. Jetzt wurde ihm versprochen, daß ihm das glorreiche, glanzvolle Schauspiel der Militärmacht Großbritanniens und des Commonwealth vorgeführt werden würde. Die beiden Ferienwochen am Meere schrumpften zu einer bedeutungslosen Nebensächlichkeit zusammen.

Violet Claggs Dilemma war schwieriger. Jene zwei Wochen waren ihre Ruhe- und Gesundungszeit, und sie mußte sie abwägen gegen einen erregenden, dramatischen, glanzvollen Tag in London. Besser als alle andern wußte sie, wie recht ihr Mann hatte, als er das Wort Opfer gebrauchte. Und dann brachte sie im Geiste dieses Opfer, nicht so sehr für sich selbst wie für ihre Kinder. Wenn Johnny und Gwendoline einmal erwachsen sein würden, könnten sie erzählen, daß sie anläßlich der Krönung in London gewesen waren.

«Nun, was meint ihr?» fragte Clagg. «Das eine oder das andere. Wir wollen darüber abstimmen. Wer dafür ist, daß wir zur Krönung gehen, soll Ja sagen.»

Ein mehrstimmiges, helles «Ja!» tönte ihm entgegen. Auch Violets Stimme war zu hören.

«Und wer ist dagegen?»

«Meiner Meinung nach ist es reine Geldverschwendung!» sagte die Großmutter. «Die Kinder brauchen die Sonne und die Seeluft.» Nicht etwa, daß sie nicht hinfahren wollte; es widersprach einfach ihrer Natur, mit etwas, was die andern wollten, einverstanden zu sein.

Will Clagg, den Großmutters Starrköpfigkeit gewöhnlich in Wut versetzte, tat jetzt etwas, was man von ihm nicht gewohnt war. Er ging zu ihr und tätschelte die alte Dame unterm Kinn. «Hör mal, Großmütterchen», sagte er, «du warst dabei, als die letzte Königin begraben wurde, nicht wahr? Möchtest du nicht zusehen, wenn die neue gekrönt wird? Ich stimme dafür!»

Großmutter Bonner empfand zu ihrem Erstaunen eine so überwältigende Rührung, daß sie zwinkern mußte, um sie zu verbergen. Es war ganz richtig, sie war die lebendige Verbindung zwischen den beiden Königinnen von England. «Nun ja», sagte sie zweideutig, «es wäre schließlich kein Unglück, wenn wir einen Sommer zu Hause blieben.»

«Damit wird es ein einmütiger Beschluß», hatte Will Clagg gesagt, Die Kinder schrien Hurra, klatschten mit den Händen und sprangen herum.

Den ganzen Tag lag der eingeschriebene Brief mit der Absenderadresse Albert Capes, Clacton Road Nr. 3, London S. W. 14., auf dem Kaminsims. Violet verzehrte sich vor Neugierde und ebenso die Großmutter, obwohl sie das niemals zugegeben hätte. Der Brief war erst eingetroffen, als Clagg schon zur Arbeit und die Kinder zur Schule gegangen waren, und es konnte kein Zweifel bestehen, daß er die Karten für die Krönung enthielt. Clagg hatte nämlich in der vorangegangenen Woche die Geldanweisung an seinen Vetter geschickt mit der Bitte, die Karten zu kaufen. Bestimmt waren diese in dem hellbraunen, umfangreichen Brief verborgen, der schwerer war als jedes Schreiben, das sie je erhalten hatten. In diesem schicksalsvollen Umschlag ruhte gewiß der Gegenwart für jene vierzehn glücklichen Tage im Hotel Seeblick am Rande von Morecambe.

Es war selbstverständlich undenkbar, daß Violet einen an ihren Mann adressierten Brief öffnete, aber sie widerstand der Versuchung, das Siegel aufzubrechen, nur mit Mühe. Sie wollte etwas in der Hand halten, etwas Greifbares sehen und fühlen, um den Schmerz, den ihr der Verlust des Urlaubs verursacht hatte, zu lindern. Die Lockung der

Krönung, die Aufregung, mit der sie ihr entgegensah, waren nicht geringer geworden, aber die Festlichkeit war noch zu abstrakt, um von ihr begriffen zu werden. Jene trägen, ruhevollen Tage im Sommerhotel jedoch, wo sie, wenn sie wollte, erst um halb neun im Speisesaal erscheinen konnte, um ein bereits zubereitetes Frühstück zu genießen, waren etwas Faßbares und bereits Erlebtes. Diesmal würde der Urlaub in Little Pudney verbracht werden, und diese beiden Wochen dürften sich von allen anderen in keiner Weise unterscheiden, außer daß Will das Haus durcheinanderbringen und die Großmutter noch gereizter machen würde. Und die Kinder würden auch nicht wissen, was sie mit sich anfangen sollten.

Inzwischen waren der Großmutter erneut Zweifel gekommen, ob es ratsam wäre, alle die in dem Wort Luftveränderung zusammengefaßten Freuden für einen einzigen Tag zu opfern, zu dessen Aufregungen die Wahrscheinlichkeit gehörte, niedergetrampelt zu werden oder verloren zu gehen. Sooft sie an dem Briefumschlag auf dem Kaminsims vorbeiging, murmelte sie etwas, was Violet nicht recht verstand. Aber dem Tonfall und dem mehr als sonst verärgerten Gesichtsausdruck ihrer Mutter konnte sie entnehmen, daß es ihr nicht recht war. Es war, als ob der Tag nie zu Ende gehen würde.

Endlich jedoch wurde es Abend, und man hörte schwere, sich dem Haus nähernde Schritte.

Die Großmutter sagte: «Er kommt spät, nicht wahr?»

Violet warf einen Blick auf die Uhr. «Wahrscheinlich hat er noch ein Glas getrunken.» Die Kinder, die mit ihren Schulaufgaben beschäftigt waren, stürzten in das Vorderzimmer und riefen: «Es ist Vati! Wird er es öffnen? Dürfen wir sie jetzt sehn?» Und als er dann eintrat: «Vati, sie sind gekommen, sie sind da! Mach doch den Brief auf!»

Und das hatte Will Clagg auch getan, nachdem er einen Augenblick gewartet hatte, um seine Würde und Autorität zur Geltung zu bringen und voller Genugtuung das Äußere des Einschreibebriefs zu mustern.

Die Kinder hatten ihm ungeduldig zugesehen, und selbst die Großmutter in ihrer Ecke hatte ihn, den Hals reckend, über die Brille hinweg beobachtet, wie er den Umschlag aufschlitzte und die wundervollen, mirakelhaften und völlig unerwartet blauen und goldenen Karten hervorzog – jene Karten, die er jetzt im Abteil des Krönungssonderzugs so stolz herumzeigte.

Zunächst hatten sie voller Verwirrung auf die Karten gestarrt, auf die Preisangabe von 25 Guineen, auf die Platzbezeichnung und all die Genüsse, die ihnen da verheißen wurden. Anscheinend war irgendein Irrtum unterlaufen. Dann aber bemerkte Clagg, daß der Umschlag außer den fünf Billetts ein Schreiben von Bert enthielt, das er entfaltete und laut vorlas:

Lieber Vetter Will, hier sind Eure Karten. Die Plätze sind nicht dort, wo Du wolltest, sie sind besser als die von Dir angegebenen. Ich hatte Glück und wollte Dich gern davon profitieren lassen. Einer meiner Kollegen in unserer Firma hat einen Freund, der kennt jemanden, der mit einem Mann zusammenarbeitet, der genau weiß, wie die Sache mit den Karten für die Krönung arrangiert wird. Die Preise sind herabgesetzt, und ich konnte sie bekommen, weil die Firma, die sie verkauft, zu viele auf Lager hat, und wahrscheinlich sind 25 Guineen sogar hier in London eine Menge Geld, und sie wollten sie loswerden. Kurz und gut, ich habe sie für fünfzig Pfund für Dich bekommen. Und das ist ja, was Du zahlen wolltest, wie Du geschrieben hast, nur daß Du jetzt, falls es regnen sollte, in einem Fenster sitzen und Champagner trinken wirst. Du wirst es Dir gut gehen lassen wie ein Dandy. Viel Glück! Ich würde gern mit Euch kommen. Leider müssen wir am selben Tag zurück. Hätte gern die Kleinen gesehn. Grüß sie schön und auch Violet.

Dein Vetter Bert.

Jetzt war endlich alles klar, und sie waren wie betäubt bei dem Gedanken an all die Herrlichkeit, die ihrer harrte. Sitze in einem Fenster! Reihe A! Hyde Park Corner! (Die Lage wurde später auf einer in den Zeitungen veröffentlichten Karte der Prozessionsroute geprüft. Sie war einfach wundervoll!) Frühstück! Mittagessen! Champagner!!!

«Champagner», sagte Violet Clagg flüsternd zu sich selbst, und dann wiederholte sie laut: «Champagner! Ich habe noch nie Champagner getrunken!» In diesen Augenblick waren die zwei Wochen, die sehr notwendigen und ersehnten zwei Wochen im Hotel Seeblick in ihrem Denken einfach ausgelöscht, so wie die Kreideschrift auf einer Schiefertafel von einem Schwamm weggewischt wird. An ihrer Stelle erschien sofort ein neues Bild, das sie einigen Filmszenen entlieh: ein livrierter, würdevoll aussehender Diener in einem Salon hält die in eine Serviette gehüllte Flasche in der Hand. «Noch etwas Champagner, Mylady?»

Nur daß diesmal die Person, die das zierlich gestielte Glas hielt, in das sich der kostbare Wein schäumend ergießen sollte, nicht die Gräfin Küßmirdenfuß war, sondern Violet Clagg in der Sitzreihe A des Fensters in Wellington Crescent, Hyde Park Corner. Sie würde, während die Königin vorbeifuhr, von ihrem ersten Glas Champagner nippen. Sie hatte die Jahre abgestreift und glich plötzlich ihren eigenen Kindern. Sie hatte jenes strahlende Etwas entdeckt, das anziehend und verlockend ist, und jede Faser ihrer Weiblichkeit lechzte danach.

Selbst die Großmutter war beeindruckt und wurde von der allgemeinen Aufregung angesteckt, obwohl sie es vorgezogen hätte, nicht mit Champagner, sondern mit Gin bewirtet zu werden. Natürlich konnte sie sich eine bissige Bemerkung nicht versagen. «Wie ich Bert kenne, werden die Sitze hinter einer Säule sein, oder Reihe A wird die hinterste Reihe sein und nicht die erste.» Aber sie mußte unwillig zugeben, daß sie, da Frühstück und Mittagessen serviert werden würden, weder Butterbrote noch Obst für die Kinder mitzunehmen brauchten, und das würde ihnen ziemlich viel Mühe ersparen.

So war es gekommen, daß nun alle Mitglieder der Familie Clagg in dem Abteil des Krönungssonderzugs beisammen saßen, sich in der Bewunderung der Mitreisenden sonnten und sich liebevoll jenem Traum hingaben, zu dem die blau-goldenen Karten die Tore öffneten. Die Räder sangen ihr Dickety-clax, Dickety-clax und brachten sie mit jeder Umdrehung der Erfüllung dieses Traumes näher.

Pünktlich um sieben Uhr an diesem Morgen glitt die Lokomotive des Krönungssonderzuges in den St. Pancras-Bahnhof, wo sie, Dampfwolken ausstoßend und keuchend zum Stillstand kam, als ob ihr infolge der Anstrengungen der Reise der Atem ausgegangen wäre. London war an diesem Morgen in einen frostigen, grauen Sprühregen gehüllt, obwohl der eigentliche und denkwürdige Guß des Krönungstages noch nicht ernsthaft begonnen hatte. Ein bitterer Wind peitschte die Fahnen und Wimpel auf den Gebäuden und ließ die lustigen Banner, die quer über die Straßen gespannt waren, eine morgendliche Tarantella tanzen.

Beim Verlassen des Bahnhofs achteten die Mitglieder der Familie Clagg darauf, beisammen zu bleiben, denn sie waren noch nie zuvor in einem solchen Tumult eilender Menschen, Wagen, Taxis und Autobusse gewesen.

Dazu kam noch, daß ihre erstaunten und erregten Augen von den Plakaten der Zeitungsverkäufer mit den Worten begrüßt wurden: «Der Tag der Königin! Everest erobert! Hillary erreicht den Gipfel!»

«Was ist das – Everest?» fragte Johnny Clagg. Wenn etwas erobert wurde, betrachtete er das als seine Angelegenheit.

«Ein Berg», antwortete sein Vater. «Der höchste Berg in der Welt. Jemand ist hinaufgestiegen.» Und er kaufte eine Zeitung.

Johnnys Interesse verflüchtigte sich sofort. Berge und Bergbesteigungen interessierten ihn nicht, es sei denn, daß ein Gipfel ungeachtet verheerenden feindlichen Feuers erstürmt wurde. Aber Will Clagg empfand beim hastigen Lesen der Nachrichten auf der Titelseite ein prickelndes Gefühl des Stolzes und eine seltsame Verbundenheit mit einem Mann namens Hillary, der seine Leistungen mit einem so außerordentlichen Instinkt für den richtigen Zeitpunkt vollbracht hatte. Ganz offenbar hatte er all seine Kräfte eingesetzt, um diesen bisher noch nicht erkletterten Berggipfel der Königin als Krönungsgeschenk präsentieren zu können. Nun – Will Clagg konnte keine Berge besteigen, aber er konnte seine Familie um der Königin willen nach London bringen. Und nun waren sie alle da.

Er hatte den einfachen, aber vernünftigen Gedanken, einen Polizisten nach einem Autobus zu fragen. Er zeigte ihm die Billets, die der Beamte mit Respekt und Bewunderung begutachtete. Dem Polizisten zufolge war die Sache höchst simpel: der Autobus Nr. 73 – der dort, gerade gegenüber – würde sie an ihr Ziel bringen; er fahre durch Tottenham Court Road zur Oxford Street und von dort durch Park Lane nach Hyde Park Corner. Er war nicht ganz sicher, ob die Autobusse noch durch jenen Stadtteil führen, aber selbst wenn sie ein Stück zu Fuß gehen müßten, wäre es kein weiter Weg. Auf jeden Fall gäbe es dort genug Polizeibeamte, die ihnen den Weg zu ihrem Ziel weisen könnten.

Ungeachtet des Sprühregens und der Nässe erfüllte der erste Anblick von London an jenem Morgen alle ihre Erwartungen. Als sie durch Oxford Street fuhren, gab es «Oh!»- und «Ah!»-Rufe, und «Schau mal!» und «Vati, siehst du das?» oder «Mutti, ist das nicht herrlich?», als sie durch blaue und goldene Triumphbogen rollten, auf deren höchstem Punkt das königliche Wappen zu sehen war, oder wenn sie an den Fassaden von Kaufhäusern vorbeikamen, die von oben bis unten mit rotem, weißem und blauem Fahnenstoff und mit farbigen

Wimpeln und Bannern drapiert oder mit reichen, wappengeschmückten Fahnen dekoriert waren.

Es hätte die Mühe einer langen Reise gelohnt, nur um das Kaufhaus Selfridge in seinem Festschmuck von Fahnen und Wappen zu sehen. Die menschendurchwogten Straßen allein waren eine Sehenswürdigkeit. Während der Fahrt durch Park Lane wurde der Autobus einige Male durch den endlosen Menschenstrom zum Stillstand gebracht, der sich vor dem Schließen der Tore in der Richtung von Hyde Park Corner bewegte. Wenn der Autobus anhielt, waren das Summen von tausendfachen leisen Gesprächen und die Schritte der Menschen vernehmbar, denn das Zentrum von London war an diesem Tag eine stille Stadt.

Das Fahrzeug, in dem sie saßen, war eines der letzten, die noch in die Nähe von Wellington Place vordringen durften. Es hielt beim St. Georgs-Spital an der Ecke von Knightsbridge an. Der Autobusschaffner, der auf das Reiseziel der Familie Clagg aufmerksam gemacht worden war, berührte Will an der Schulter und sagte: «Hier steigen Sie aus, Sir. Sie müssen längs dem Spital weitergehen, wenn Sie dort durchkommen, und dann sind Sie auch schon beim Wellington Crescent.» Er fügte hinzu: «Dort sollten Sie alles gut sehen können.»

Sie stiegen aus und wurden sofort von einem wild bewegten Menschenmeer verschlungen. Clagg begriff jetzt, was der Schaffner mit den Worten «Wenn Sie dort durchkommen!» gemeint hatte. Denn hier gab es Tausende und aber Tausende von Menschen, die sich über den großen Platz drängten, einander schoben, vorwärts preßten, sich zwischen andern hindurchzwängten; die einen versuchten, die Tribünen zu erreichen, die andern bemühten sich, zu den vorderen Reihen des dichten Menschenspaliers durchzukommen, das bereits Kopf an Kopf die Prozessionsroute säumte, die durch Seile abgesperrt war und von der Polizei freigehalten wurde. Ein jeder war vom Krönungsfieber erfaßt. Gerade das Gedränge der Menschenmassen und ihre frohe Stimmung gaben den Claggs das Gefühl, daß dies das aufregendste Erlebnis war, das sie je gehabt hatten. Zu diesem Zweck waren sie nach London gekommen, und jetzt gehörten auch sie dazu.

Während sie sich jedoch – manchmal fast erfolglos – bemühten, sich in der vom Autobusschaffner angegebenen Richtung einen Weg durch die Menge zu bahnen, beobachteten sie mit noch größerer Faszination, welche magische Wirkung die Karten ausübten, die Will Clagg, an der Spitze gehend, in der Hand hielt.

«Karten? Bitte hierher, Sir! Wellington Crescent? Dort drüben, Sir. Platz machen, bitte, laßt diese Leute durch. Sie haben Karten.»

Es gab innerhalb der Ketten von Polizisten andere Ketten von Polizisten und gesperrte Fahrbahnen und Stellen, wo der Zugang untersagt war, und andere, die mit Tafeln gekennzeichnet waren: «Eintritt nur mit Karten gestattet.» Die talismanartigen Billetts in Claggs Hand öffneten ihnen jede sichtbare und unsichtbare Schranke. Keiner von ihnen hatte je in seinem Leben eine Sonderstellung eingenommen oder besonderen Respekt genossen. Wenn man irgendwo Schlange stand, reihten sie sich eben ein; wenn es irgendwo «Kein Eintritt!» geheißen hatte, waren sie draußen geblieben. Hier aber gehörten sie zu den Privilegierten. Diese Tatsache stieg ihnen süß und berauschend zu Kopf und machte Will Clagg zu einem ungemein stolzen und glücklichen Menschen.

«Karten, Sir?» fragte ein anderer Polizist. «Lassen Sie mich mal sehen. Wellington Crescent, das ist gleich da unten, Sir. Gleich um die Ecke rechts. Kommen Sie hier herum, hier können Sie leichter durchgehen.»

Er führte sie um die Ecke einer riesigen hölzernen Tribüne, auf der Sitzreihe um Sitzreihe schräg zum Himmel aufstieg, die Vorderseite mit rotem, weißem und blauem Fahnentuch bedeckt, das bereits schlapp und durchnäßt war. Viele Leute saßen zusammengekauert auf den schmalen Holzplanken unter Schirmen oder hielten Zeitungen über den Köpfen, um sich vor dem kalten Regen zu schützen.

Will Clagg empfand noch größere Genugtuung. «Da seht mal», sagte er mit Nachdruck. «Dort säßen auch wir, wenn es keinen Vetter Bert gäbe. Hier draußen in der Nässe und Kälte. In einer Minute werden wir alle schön gemütlich im Trockenen sein.»

Sie marschierten die Tribünenreihen entlang, und ausnahmsweise hatte auch die Großmutter keinen Anlaß zu unliebsamen Bemerkungen. Auch sie war von der schmeichelhaften Behandlung bestrickt, die ihnen zuteil wurde. Auch sie war von der wachsenden Erregung angesteckt, die von den Menschenmassen, den Fahnen und der festlichen Stimmung ausging.

Dank der Abkürzung konnten sie schneller vorwärtskommen, bis sie die andere Seite des Platzes erreichten, wo sie sich abermals einer Menschenflut gegenübersahen, die in der entgegengesetzten Richtung strömte. Wieder bahnten ihnen freundliche und hilfsbereite Polizisten den Weg, bis Clagg schließlich eine Straßentafel an einem Eckhaus sah, den Arm hob und ihnen zurief: «Da! Wir sind da!» Die Straßentafel sagte: «Wellington Crescent, S. W. 1.», und das war die Adresse, die auf den Wunderkarten stand.

Der Crescent war eine mondsichelförmige Straße, die sich in kühnem Schwung vom Wellington Square nach Belgravia erstreckte. Dank ihrer Krümmung hatte etwa das erste Häuserdutzend einen Ausblick auf den Verkehr, der hier einen Kreisbogen oder zumindest den Teil eines Bogens bildete. Wenn man westwärts weiterging, vergrößerte sich der Winkel, und das Gebiet, das man überblicken konnte, verengte sich.

«Vorwärts mit euch!» rief Will Clagg und steuerte und trieb seine Sippe vor sich her, wobei er mit Befriedigung bemerkte, daß das Eckhaus des Crescent die Nummer Eins trug, daß in den Fenstern des ersten und zweiten Stockwerks aus Planken gezimmerte Sitze aufgestellt waren und daß dort Leute saßen oder herumstanden. Sie hatten ihre Mäntel abgelegt, und einige schienen zu essen und zu trinken. «Schaun wir, daß wir hineinkommen, raus aus der Nässe! Ein kleines Frühstück könnte uns allen nicht schaden, was?»

Sie gingen an den Nummern Zwei und Drei vorbei. Einige Leute gingen durch die Eingangstüren; sie hielten Karten in der Hand, die so aussahen wir ihre. In einem Fenster im ersten Stock saß eine ganze Reihe von Kindern in Party-Kleidern. Ihre Gesichter strahlten vor Aufregung; jedes hielt einen kleinen Wimpel oder einen Stock, an dem rote, weiße und blaue Bänder befestigt waren. Sie schwenkten sie, obwohl es nichts gab, dem dieser Gruß gelten konnte. Hinter ihnen goß ein Serviermädchen ein Getränk in Tassen ein, und ein anderes servierte Gebäck. Es war alles genauso, wie es auf ihren eigenen Eintrittskarten beschrieben war. Clagg fühlte in seinem Magen bereits die angenehme Wärme einer Tasse heißen Tees.

Er wandte sich schnell um und betrachtete den großen offenen Platz, über den sie eben gekommen waren. Der Blickwinkel und die Aussicht waren noch immer vorzüglich, und so fiel ihm gar nicht auf, daß sich in der Reihe der Häuser nach Nummer 3 eine Lücke befand, wo schwere, schwarze Querbalken zwischen der Mauer der Nummer 3 und dem nächsten Haus verspreizt waren. Als er jedoch dieses nächste Haus erreicht hatte und hinaufblickte, sah er, daß es nicht Nummer 4, sondern 6 war. Und dahinter folgten die Nummern 7, 8 und 9, noch immer mit Aussicht. 10 und 11 lagen jenseits des Sehwinkels. Die Fenster waren hier mit Läden verschlossen. Da sie doch nichts sehen konnten, schienen sie die Augen zugemacht zu haben.

«Wartet mal», sagte Will. «Wir müssen dran vorbeigegangen sein. Bleibt mal hier.» Er ging rasch zurück und zählte nochmals, um ganz sicher zu sein. 1, 2, 3, und dann nur die von Holzbalken überspreizte klaffende Leere. Keine Nummern 4 und 5.

Der mörderisch kalte Wind schien sich verstärkt zu haben und auch der Regen. Die Außenseite seines Regenmantels war naß, und plötzlich fühlte Will Clagg die Feuchtigkeit auch innen, seine Achselhöhlen waren schweißnaß. Schnell zählte er nochmals, und dann rannte er, alarmiert und doch halb erleichtert bei dem Gedanken, was für ein Narr er gewesen war, zur anderen Straßenseite. Aber dort gab es überhaupt keine Häuser, sondern nur die lange, vom Fahrdamm etwas zurückgesetzte Gruppe von Spitalsgebäuden, die tief in den Crescent hineinreichten. Er ging wieder zurück und lief, von Panik erfaßt, beinahe blind an seiner Familie vorbei.

Auf dem Gehsteig stand ein Polizist und sprach mit zwei kräftigen Männern in jener unauffälligen Kleidung, die sie unfehlbar als Detektive charakterisierte. Will trat an den Polizisten heran. «Entschuldigen Sie, können Sie mir sagen, wo Nummer 4 ist?»

Der Polizist musterte ihn mit einem ernsten Blick; seine zwei Gefährten zuckten in ihren Regenmänteln zusammen und traten einen Zentimeter näher.

Angst übermannte Clagg, so daß ihm fast übel wurde. Irgend etwas an der Haltung dieser Männer kam ihm vertraut vor. Er hatte in Little Pudney ähnliche Gruppen gesehen und an ihnen denselben Ausdruck ernster Gedankenkonzentration bemerkt, wenn ein zweifelhaft aussehendes Individuum vorbeiging.

«Warum suchen Sie denn Nummer 4?» fragte der Konstabler.

Clagg zog seine blauen, goldbedruckten Karten hervor. Als er sie in der Hand hielt, empfand er plötzlich nicht mehr das Gefühl tröstlicher Wärme, das ihr Besitz ihm früher eingeflößt hatte. Als er sie jetzt zwischen den Fingern hatte, war es ihm, als ob sie auf einmal all ihre Schönheit und Kraft verloren hätten.

Einer der Männer in Zivil sagte: «Hier ist wieder einer.» Seine Blikke streiften die Gruppe, die Will umgab – die Frau, die Kinder und offensichtlich die Großmutter –, und er fügte kaum hörbar hinzu:

«Und noch dazu die Familie, das ist Pech!» Die beiden Männer traten näher, um die Karten zu besehen.

«Nun also», sagte er Polizist mit weicher Stimme, «wenn es eine Nummer 4 gäbe, müßte sie doch hier sein. Aber wie Sie sehen . . .»

Gewiß, sie konnten es alle sehen. Sie wandten sich um, dem Blick des Polizisten folgend, und sahen, was er sah und was sie schon vorher gesehen hatten und was sie nicht ändern konnten, mochten sie noch so lange hinblicken und hinstarren und von Furcht, Wünschen und Hoffnungen erfüllt sein. Es stand kein Haus da, es gab nur eine Lücke, wo das allgegenwärtige Unkraut an der Stelle wuchs, wo einmal die von einer Bombe zerstörten und niedergebrannten Häuser Nummer 4 und 5 gewesen waren.

Violet Clagg begriff noch immer nicht, und ihr Blick wanderte verständnislos von dem Polizisten zu der leeren Stelle, zu dem Gesicht ihres Mannes, dem ein nicht mehr unterdrückbares Entsetzen alle Farbe genommen hatte. Der Mund der Großmutter war grimmig verzerrt, und die Runzeln auf ihrer Stirn hatten sich verdoppelt. Ihr war völlig klar, was los war. Die Luft war von schlimmen Vorahnungen erfüllt, und die Kinder blickten angsterfüllt auf die Gesichter ihrer Eltern.

Der zweite Detektiv fragte: «Können Sie uns sagen, wer Ihnen diese Karten verkauft hat?»

In einem einzigen zermürbenden Moment, in dem ihm fast das Herz brach, stürzte für Clagg die bisher gute, saubere, redliche britische Welt zusammen. Als er so zwischen ihren Trümmern stand, wurde ihm klar daß sein Vetter Bert entweder selbst ein Betrüger war oder der größte Dummkopf auf Gottes Erden. Keine dieser beiden Möglichkeiten durfte einem Fremden gegenüber zugegeben werden. «Nein!» sagte er.

Die Augen der Großmutter glühten hinter ihren Brillengläsern. Sie stemmte ihre Arme in die Hüften, und Clagg wußte nur allzu gut, was diese Geste zu bedeuten hatte: sie war im Begriff, eine Rede zu halten. «Wenn ich an deiner Stelle wäre», sagte sie bissig, «würde ich es ihnen sagen. Ich bin ganz in der Stimmung . . .»

«Sei still!» befahl ihr Will, und die Drohung, die plötzlich in seinem massiven, angsterfüllten Gesicht aufflammte, ließ sie erschreckt verstummen. «Er ist nicht schuld daran. Er wollte uns einen Gefallen tun. So etwas kann jedem passieren.»

Erst jetzt wurde Violet Clagg das volle Ausmaß der Katastrophe bewußt. Sie übersetzte den leeren Platz, den sie anstelle des Hauses gefunden hatten, in ihre Sprache des Unglücks: «So wird es also keinen Champagner geben!» wimmerte sie. Denn in diesem Augenblick reichten ihre Gedanken nicht weiter, und ihre Augen füllten sich mit Tränen. Erschrocken fing auch Gwenny an zu weinen, ohne zu wissen warum.

Johnny fragte: «Vater, was ist geschehen? Was ist los, Vati?»

Will Clagg erwiderte bitter: «Wir sind beschwindelt worden!»

Der Wind fuhr seufzend um die Krümmung des Crescent und blies scharf aus dem klaffenden Häuserloch. In seinem Gefolge verwandelte sich das leichte Nieseln in einen heftigen Regen. Die Großmutter nahm sich der Kinder an, zerrte ihre Regenmäntel enger zusammen und knöpfte ihre Kragen zu. Ihre Bewegungen waren heftig und eckig, wie Erwachsene sie immer gegenüber Kindern anwenden, wenn sie gereizt sind. «Wenn ich Bert erwische ...» grollte sie und zog so kräftig an dem Knopfloch von Johnnys Kragen, daß der Bub sagte: «Au, Großmutter!» und sich zu wehren begann.

Der erste Detektiv stürzte sich auf den Namen. «Also Bert heißt er? Und weiter?»

Will fuhr die Großmutter wütend an: «Verdammt noch mal, ich hab dir doch gesagt, du sollst den Mund halten!» Dann wandte er sich an den Detektiv: «Es gibt keinen Bert! Ich habe die Karten von einem Kerl auf der Straße gekauft. Vor dem St. Pancras-Bahnhof.»

So war eine unsichtbare Mauer zwischen den beiden Gruppen errichtet: auf der einen Seite der Polizist und die beiden mißtrauischen Detektive, auf der andern Seite die unschuldige Familie Clagg, die allerdings durch die Macht der Umstände jetzt nicht mehr ganz so unschuldig war. Sie mußten etwas verbergen. Clagg hatte nichts gegen die Polizei und vertrug sich immer gut mit den Männern, die daheim ihren Dienst taten. Aber für einen Mann seines Milieus blieb ein Polizist eben ein Polzist, und man konnte ihm nicht hundertprozentig trauen.

Violet Clagg sagte zaghaft: «Lies doch mal den Namen der Firma auf den Karten. Die Adresse war Victoria Road 18. Wir könnten hingehen und unser Geld zurückverlangen.»

Der zweite Detektiv sagte verdrießlich: «Liebe Frau, wir sind schon dort gewesen. Dort ist auch eine Häuserlücke. Bisher waren es meistens Amerikaner und Australier, denen man diese Karten aufgehängt hat.» Er knurrte: «Personenbeschreibung des Kartenverkäufers: zwei

Augen, Ohren, eine Nase und ein Mund. Aber wenn Sie uns über diesen Bert Auskunft geben könnten, dann hätten wir vielleicht eine Chance, den einen oder den andern von diesen Gaunern hoppzunehmen.»

Clagg nahm dem Detektiv die Karten schnell aus der Hand und fragte ärgerlich: «Und würden wir dann bekommen, worum es uns eigentlich geht: einen Platz, wo wir die Prozession sehen können, Frühstück und das Mittagessen mit Champagner?»

«Nein», sagte der Detektiv, «aber ...»

«Dann gibt es keinen Bert», sagte Clagg kurz. «Wenn ich mich recht erinnere, war der Name eher Joe oder Sam.»

Die beiden Detektive und der Polizist betrachteten ihn angesichts dieser offensichtlich unwahren Äußerung mit ernsten Mienen. Sie bildeten eine Art Insel in dem unaufhörlich vorbeifließenden Menschenstrom. Londoner, die von allen Teilen der riesigen Stadt gekommen waren, Besucher vom Lande, Programm-, Luftballon- und Andenkenverkäufer – sie alle bewegten sich in einer Richtung. Der Regen strömte auf sie nieder, und sie ignorierten ihn einfach. Für sie existierte er nicht. Nichts konnte ihre Begeisterung dämpfen oder ihre fröhliche Laune beeinträchtigen, ihren Stolz darauf, zu England zu gehören, und ihre Freude, diesen Tag zu erleben. Der Platz war voll von dem unaufhörlichen Geräusch von Schritten, von Gelächter und Geschwätz, von Rufen und Schreien, und immer wieder fiel das Wort Mount Everest. Häufig lösten sich Gruppen, die im Besitz gültiger und echter Billetts waren, aus dem Menschenstrom und betraten die wirklich und tatsächlich existierenden Häuser, wo echte Sitzplätze hinter einwandfreien, durchsichtigen Fenstern errichtet waren und wo zweifellos Frühstück, Mittagessen und Champagner serviert werden würden.

Clagg war es vollkommen klar, daß es nichts nutzen konnte, länger zu warten. Er sammelte seine Familie mit einer weit ausholenden Gebärde um sich. «Kommt, wir haben hier nichts mehr zu suchen.»

Ein Windstoß schleuderte Regentropfen gegen den Helm des Polizisten und blähte die beigefarbenen Regenmäntel der zwei Detektive. Einer von ihnen sagte: «Einen Augenblick, Sir. Würden Sie uns bitte diese Karten geben» und streckte die Hand danach aus. Irgendwo aus seinem Innern zog der Polizist ein Notizbuch und einen Bleistiftstumpf hervor, die er mit gewölbter Hand vor dem Regen schützte. «Ich muß auch Ihren Namen und Ihre Adresse notieren, Sir.»

Clagg fuhr ihn zornig an: «Zum Teufel, wozu denn? Ich hab dafür bezahlt! Na schön, man hat mich angeschmiert! Könnt ihr uns nicht in Ruhe lassen? Wir sind eben hereingefallen. Wir haben uns nicht beschwert.»

Der Detektiv sagte: «Tatsachenbestand, Sir. Sie wollen doch, daß man diesen Kerlen das Handwerk legt, nicht wahr? Die haben sich einen grausamen Scherz erlaubt. Sehen Sie mal: Sie und Ihre Familie ...»

Johnny Clagg jammerte: «Ich wollte meine als Andenken aufheben!»

Die Hand des Detektivs war noch immer ausgestreckt. Clagg blieb nichts anderes übrig, als ihm die Karten auszuhändigen. Der Mann betrachtete sie mit ernster Miene und nickte. Sein Begleiter sagte freundlich zu Johnny: «Wenn wir sie nicht mehr brauchen, werden wir sie dir schicken, wenn du sie möchtest.» Und an Will Clagg gewandt: «Sie können uns helfen, diese Schwindler zu fangen, verstehen Sie?»

Der Polizist setzte den Bleistift wieder an: «Ihren Namen, bitte?»

In seinem Ärger war Will Clagg nahe daran, «John Smith» zu sagen, aber dann entdeckte er, daß sich nun seine Wut nicht nur gegen die Schufte richtete, die diesen elenden Betrug an ihm verübt hatten, sondern auch gegen seinen Vetter Bert. War es nicht ungesetzlich, der Polizei falsche Namen und Adressen anzugeben? Er war das unschuldige Opfer eines gemeinen Schwindels geworden – und jetzt lief er außerdem Gefahr, auf die Seite der Betrüger gedrängt zu werden, indem er sie nicht nur verteidigte, sondern durch die Angabe eines falschen Namens und einer unrichtigen Adresse beinahe ihr Komplize wurde. «Will Clagg», antwortete er, «Imperial Road 56, Little Pudney.»

«Beruf?»

«Vorarbeiter, Walzwerk Nummer 2, Pudney-Stahlwerke.»

Die Augen des Polizisten ruhten einen Moment lang prüfend und offenbar mit einer gewissen Bewunderung auf Claggs Gestalt. Mit diesem Blick schätzte ihn der Polizist als eine Person von Wert und Wichtigkeit ein, und Clagg empfand eine Sekunde lang warmes Verständnis für den Polizisten, der nichts als seine Pflicht tat.

«Name der Ehefrau?»

«Violet Clagg.»

«Mutter der Frau, oder Ihre eigene?»

«Sie ist die Mutter meiner Frau. Elsie Bonner.»

«Und die Kleinen?»

«John und Gwendoline.»

«Und jetzt», sagte der Polizist, nachdem er seine Eintragung beendet hatte: «Möchten Sie sich nicht die Sache überlegen, was diesen Bert betrifft?»

Einen Augenblick lang unterlag Clagg beinahe der Versuchung. Wenn man mit Hilfe seines Vetters die Betrüger ausfindig machen konnte ... Dann siegte die Loyalität. «Nein!»

Der Polizist nickte, als ob er dafür Verständnis hätte, und sagte: «Wenn wir die Kerle erwischen sollten, werden Sie benachrichtigt werden.»

Clagg sagte zu seiner Familie wieder nichts als «Voräwrts!», und sie setzten sich in Bewegung. Die Detektive blickten ihnen mit traurigen, gewitzigten Augen nach.

Die Erwachsenen und besonders Will Clagg waren vorläufig von der Katastrophe so betäubt, daß sie nicht wußten, was sie taten oder wohin sie gingen. Unglücklicherweise wanderten sie nicht in Richtung Wellington Place, wo die Schranken noch offen waren, sondern sie bewegten sich, fassungslos und betäubt, dem Belgrave Square zu.

Gwenny war nicht nur zu jung, um zu begreifen, was sich ereignet hatte, sondern sie war auch zu sehr von dem Gedanken erfüllt, daß sie nun die Königin in ihrer goldenen Kutsche sehen würde. Aber Johnny, der älter und klüger war, empfand einen Augenblick der Panik, die sich durch das Benehmen der Erwachsenen auch auf ihn übertragen hatte. Er war sich klar darüber, daß mit den gekauften Karten irgend etwas nicht stimmte. Nie zuvor hatte er seinen göttergleichen Vater so aufgeregt und aus der Fassung gebracht gesehen. Aber die Vater-Figur hatte keinen schweren Schaden erlitten. Papa war es immer irgendwie gelungen, alles wieder in Ordnung zu bringen, und er wird es, so dachte Johnny, zweifellos auch diesmal zustande bringen. Unterdessen gab er sich zum erstenmal in seinem Leben dem erregenden Abenteuer des Krönungstags in London hin. Die Soldaten, um derentwillen er gekommen war, mußten wohl irgendwo bereits für die große Krönungsprozession Aufstellung nehmen, und schließlich würde er früher oder später auf sie stoßen. Sein Glaube an den Vater blieb unversehrt.

Anders war es um die Großmutter bestellt, deren Zunge nicht stillgestanden hatte, seit sich die Detektive außer Hörweite befanden. Der Singsang ihrer zänkischen Stimme war wie ein unsinniger Rundfunkkommentar ununterbrochen zu hören: über die Leichtgläubigkeit der Männer und insbesondere die Torheit von Bert und Will.

«Sei doch endlich still, Mama!» sagte Violet plötzlich in scharfem Ton. «Will ist nicht schuld daran, und auch nicht Bert. Sie haben beide das Beste für uns gewollt.». Sie war selbst von dem Mut überrascht, mit dem sie sich gegen ihre Mutter wandte. Aber der Schmerz und die Demütigung, die ihr Mann empfand, hatten sich auch ihr mitgeteilt und sie gerührt. Sie sprach, ehe sie sich dessen bewußt war.

«Hm», sagte die Großmutter, «du mußt dich natürlich für ihn einsetzen. Aber du weißt so gut wie ich, daß ich recht habe.» Sie beruhigte sich jedoch und ging weiter durch den stetigen, kalten Regen. Ihre Lippen bewegten sich stumm, ihre Augen waren hart und zornig.

Während sie sich von dem Schauplatz ihrer Niederlage entfernten, kreisten Will Claggs Gedanken nicht so sehr um die Frage, wer an den Geschehnissen schuld war und worin seine eigene Verantwortung hierfür bestand, sondern um die Tatsache, daß seine eigene Welt zertrümmert worden war. Der Gedanke, daß seine Kinder eine Enttäuschung erleiden würden, quälte ihn. Aber darüber hinaus war ihm klargeworden, daß etwas Böses, Verbrecherisches und Destruktives in seine sichere, behagliche, englische Welt eingedrungen war.

Will Clagg hatte immer sein redliches Tagewerk geleistet und dafür seinen redlichen Lohn erhalten. Er lebte ein einfaches und anständiges Leben in verhältnismäßiger Sicherheit. Selbstverständlich gab es Polizei und Diebe und Mörder, und es gab auch Betrüger von großen Dimensionen, und in den Zeitungen konnte man immer unterhaltende Geschichten von Raubüberfällen und Gewalttaten, Schändungen und Morden, Entführungen und Brandstiftungen, gigantischen Schwindeleien und Prellereien an Witwen und Waisen lesen. Aber alle diese Dinge passierten immer irgendwelchen Fremden. Nie zuvor war er selbst das Opfer eines Verbrechens geworden, schon aus dem einfachen Grunde, weil er nie etwas besessen hatte, das zu stehlen sich gelohnt hätte. Jetzt aber hatte er zum erstenmal zur Kenntnis nehmen müssen, daß er sich mitten im Dschungel befand. Merkwürdigerweise wurde dadurch seine sonst so schwerfällige Phantasie plötzlich schöpferisch angeregt, und er sah im Geist die Fälscher in ihrer geheimen Werkstatt. Sie waren über ihre Prägestöcke und Werkzeuge gebeugt und grinsten und kicherten, während sie die falschen Billetts herstellten, mit denen Will Clagg und seine Familie hinters Licht geführt werden sollten.

Clagg hatte einen schweren Schlag erlitten. Er war sich darüber im klaren, daß künftighin weder er selbst noch sein Leben so sein würden wie bisher. Ihm war, was Gelegenheitskäufe betrifft, eine bittere Lektion erteilt worden, aber die eigentlichen Leidtragenden waren die Mitglieder seiner Familie. Diese Tatsache versetzte ihn in solche Wut, daß er beinahe in Tränen ausgebrochen wäre. Er war völlig hilflos. Die Betrüger würden wohl nie erwischt werden. Was könnte es auch nützen? Die Krönung und all die Freuden und großen Erlebnisse, die sie nicht genießen durften, würden dann längst vorbei sein.

Unterdessen marschierte er blind und stumm weiter, und seine Familie folgte ihm, ohne zu wissen wohin. Sie gingen von Belgrave Square durch William Street bis Knightsbridge, wo sie wieder auf den gegen Osten ziehenden Menschenstrom stießen.

Einen Augenblick lang standen sie hier unter dem grauen, weinenden Himmel und beobachteten die Menge. Vom Fluß her trugen die regenschwarzen Windstöße fernes Dröhnen herüber. Johnny Clagg spitzte die Ohren. «Kanonen!» rief er aufgeregt.

Der Lärm der Salutschüsse machte ihnen deutlich klar, was sie versäumten. Eine Sekunde lang verlor Will Clagg allen Mut, besiegt und mit wundem Herzen. «Nun schön», sagte er. «Wir haben verloren. Ich bin ein Idiot. Ich habe alles verpatzt. Fahren wir nach Hause.»

Violet Clagg faßte ihn am Arm. «Nimm es dir nicht so zu Herzen, Will. Es ist nicht deine Schuld.» Seine Worte «nach Hause» waren zu den beiden Kindern gedrungen, und sie stimmten ein schmerzerfülltes Protestgeschrei an. Sonderbarerweise war es die Großmutter, die sich jetzt dagegen wehrte.

«Nach Hause fahren?» wiederholte sie. «Und die Kinder enttäuschen? Unsinn! Ich bin hergekommen, um mir die Krönung anzusehen, und das werde ich auch tun. Nässer können wir schon nicht werden. Wir können ja im Spalier stehen.»

Sie alle starrten sie erstaunt an, und am meisten verblüfft war ihr Schwiegersohn. Auf einmal sah die Großmutter nicht ganz so finster und unzugänglich aus wie sonst. Ihre Weigerung, sich von einem feindlichen Geschick besiegen zu lassen, hatte ihrer kleinen, grauen Gestalt eine Spur von Würde verliehen.

«Donnerwetter noch mal!» sagte Clagg. «Ist das dein Ernst, Großmutter?»

«Natürlich ist es mein Ernst, und steh nicht so herum, Will Clagg.

Mit deinem Geschwätz vergeudest du nur Zeit. Wir müssen doch einen Platz finden, wo diese armen Kinder etwas sehen können!»

«Donnerwetter noch mal!» wiederholte Clagg, und dann kehrte auf einmal sein Mut zurück. «Bravo, Alte! Wer hätte so was von dir erwartet? Bist du dafür, Violet?»

«Wenn du nicht meinst, daß die Kinder zu naß werden...»

«Nässer als sie schon sind, können sie nicht werden. Aber wetten wir, unter den Kleidern sind sie ganz trocken. Was macht denn schon so ein bißchen Regen? Los, gehen wir!» Er nahm die kleine Hand seiner Tochter in seine gewaltige, dicke Pranke und sagte: «Du wirst die Königin sehn, wie ich es dir versprochen habe.»

Welche Richtung sie einschlagen sollten, war kein Problem. Sie waren wie Kahnfahrer, die am Ufer eines schnell fließenden Stroms angelegt hatten; jetzt brauchten sie nur die Strömung zu erreichen, um von ihr weitergetragen zu werden. Sie marschierten los, hoffnungsvoll und wieder heiter und einig, entschlossen, sich nicht die Laune verderben zu lassen und den Rest des Tages zu retten.

Auf einmal merkten sie, daß sie nur noch langsam vorwärts kamen, da in der Bewegung der Menschenmassen weiter vorne eine Stockung eingetreten war. Hinter ihnen drängten die Leute weiter nach und drohten, sie zu erdrücken.

Vorne erhob sich ein Ruf aus der Menge, der zu einem donnernden Protest anschwoll. Will Clagg stellte sich auf die Zehenspitzen, um über die Köpfe der andern hinwegblicken zu können, und sah voller Schrekken, was dort geschehen war und was den Sturm der Entrüstung ausgelöst hatte.

Etwa fünfzig Meter vor ihnen hatten Polizisten eine lebende Sperrkette gebildet, die einen Moment lang die vorwärtsdrängende Menge aufhielt. In dem so gewonnenen freien Raum wurde eine schwere hölzerne Schranke quer über die Straße geschwungen: zwei sieben Meter hohe Torflügel, die sich an beiden Seiten der Straße auf Angeln drehten und einander in der Mitte begegneten, wo sie mit Riegeln versperrt und durch Keile gesichert wurden, so unbeweglich wie der Wall, den Hadrian erbaute, um die Pikten und Schotten fernzuhalten. Solche Schranken wurden im ganzen Umkreis an entscheidenden Punkten quer über Straßen und Alleen errichtet, die zur Prozessionsroute führten. Auf diese Weise gelang es der Polizei, den ganzen Krönungsbezirk abzusperren, als es ihrer Ansicht nach nicht mehr vertretbar war, den Zustrom weiterer Menschen zu gestatten. Diese Tore waren am Morgen geöffnet worden, um Autobussen und Wagen die Durchfahrt zu ermöglichen und Zuschauer einzulassen, die schon vor Sonnenaufgang in einem stetigen Strom herbeigezogen waren. Jetzt aber war die Weisung erteilt worden, den weiteren Einlaß zu sperren. In der Mitte jeder Schranke befand sich jedoch eine kleine Pforte, die innen von zwei Polizisten und außen von einem bewacht wurde, um solche Leute durchzulassen, die Eintrittskarten oder Passierscheine besaßen, oder Personen, die die Erlaubnis hatten, das Krönungsgelände zu betreten oder zu verlassen, wie Boten, Händler, Fotografen, Journalisten, Ärzte und so weiter.

Es war völlig klar, was geschehen war, und Clagg hätte es, selbst wenn er es nicht gesehen hätte, aus dem Stimmungswechsel der Menge erraten können. Es gab zornige Rufe, und die Polizei wurde mit allerlei Unfreundlichkeiten bedacht. Zum zweitenmal an diesem Tag drohte Clagg aller Mut zu verlassen. «Du liebe Güte!» rief er. «Wir sind zu spät gekommen!»

«Vorwärts!» sagte die Großmutter. «So bleib doch nicht stehen! Worauf wartest du denn?» Sie war zu klein, um sehen zu können, was sich ereignet hatte.

«Es gibt kein Vorwärts», sagte Will. «Man hat die Tore geschlossen. Wir sind ausgesperrt.»

Aber es gab noch immer eine gewisse Vorwärtsbewegung, wenn sie auch sehr schleppend geworden war, und die Claggs wurden durch die weiterdrängenden Hintermänner, die es mit der Polizei aushandeln wollten, vorwärts gestoßen. Sie trafen bald auf den Gegendruck der Leute, die mit enttäuschten Gesichtern von der Schranke zurückkehrten. Diese sagten: «Es hat keinen Zweck. Sie lassen niemanden durch.»

«Du mußt der Polizei erzählen, was uns passiert ist, und man wird uns durchlassen», sagte die Großmutter.

Clagg war dessen keineswegs sicher, aber er wußte, daß wenigstens der Versuch unternommen werden mußte.

Zehn Meter vor der Schranke, an der der Polizist stand, kam die schiebende und geschobene Menschenmasse zum Stillstand.

«Wartet hier», sagte Clagg zu den Seinen. «Ich will mal sehen, was sich machen läßt.» Mit Hilfe seiner breiten Schulter und seines kräftigen Körpers bahnte er sich einen Weg. Die Menge, die früher freundlich, entgegenkommend und liebenswürdig schien, war anders geworden. Es dauerte mehrere Minuten, bis er nach großen Anstrengungen und erheblichem Kraftaufwand den Polizisten bei der kleinen Pforte erreichte, durch die man Durchlaß durch die Schranke erhalten konnte. Er war in Schweiß gebadet, als er ankam.

Keuchend, vom Regen und von dem ihm in die Augen rinnenden Schweiß halb blind, begann er natürlich in der ungeschicktesten Weise: «Hören Sie mal, wir müssen da durchkommen.»

Der Polizeibeamte antwortete eintönig wie die Bandaufnahme, die am Telefon die Zeit angibt: «Kein Durchlaß mehr. Sie müssen leider zurückgehen. Niemand wird mehr eingelassen.»

«Aber ich habe Karten gehabt!» schrie ihn Clagg an.

«Karten?» echote der Polizist. «Schön, lassen Sie mich sie einmal sehn.» Und dann sagte er zu den Nächststehenden, die ihn beinahe erdrückten: «Bitte, möchten Sie mal diesen Herrn heranlassen? Er hat Karten.»

Clagg hatte natürlich keine Karten, und er verfluchte sich jetzt innerlich, weil er so albern gewesen war, die Billetts herzugeben. Detektiv hin, Detektiv her: er hätte doch jetzt wenigstens eine oder zwei Karten herzeigen können.

«Nun?» sagte der Polizist.

Clagg wurde unsicher. «Ich sagte, ich habe Karten gehabt. Jetzt habe ich sie nicht mehr. Einer von euch Wichtigtuern nahm sie mir weg. Sie waren gefälscht. Fünfundzwanzig Guineen per Stück. Ich habe die ganze Familie aus Sheffield hergebracht. Es war nichts dort, das Haus war durch eine Bombe zerstört worden», sagte er nicht gerade überzeugend zum Abschluß.

Dem Polizisten, der nicht nur jung, sondern auch kein Londoner war, klang die Geschichte höchst unwahrscheinlich. Er war von Westengland zur Aushilfe herbeigeholt worden, um bei der gewaltigen Aufgabe mitzuwirken, während der Krönungsfeierlichkeiten die Ordnung in der Stadt aufrechtzuerhalten. «Was soll das heißen?» sagte er, «Sie drängen sich durch mit der Behauptung, daß Sie Karten haben, und dann haben Sie gar keine! Mit diesen Methoden werden Sie nichts erreichen!»

Zwei Ehepaare mit Billetts in der Hand drängten sich durch. «Bitte, treten Sie zur Seite», sagte der Polizist, «und lassen Sie diese Leute durch, die tatsächlich Karten haben.» Seine Stimme war voll Sarkasmus.

In diesem bitteren Augenblick überquerte Clagg die schreckliche Kluft zwischen den Privilegierten und den Nicht-Privilegierten in der umgekehrten Richtung. Sein Wunder wirkender Talisman war ihm geraubt worden. Ohne ihn glich er jetzt allen andern und wurde herumgestoßen und herumgepufft. Während die vier Kartenbesitzer durchgelassen wurden, konnte Clagg durch die Öffnung das ungeheure Menschenmeer auf der andern Seite sehen, oder vielmehr Tausende Hinterköpfe; er konnte durch Piccadilly blicken und bemerkte die Bäume des Green Park. Dann schloß sich die Sperre wieder.

Clagg stand der Situation wieder hilflos gegenüber und konnte nichts anderes tun als knurren, murren und grollen und es vermeiden, seine Familie anzublicken, der es unterdessen gelungen war, zu ihm vorzudringen. Als er dann den Nächststehenden die Geschichte von den gefälschten Karten erzählte, lachten mehrere ungläubig. Aber einige erkannten, daß er die Wahrheit sprach; ihr Gerechtigkeitssinn bäumte sich dagegen auf, und sie riefen sogar dem Polizisten zu, es sei eine Schande und er solle die Claggs durchlassen. Natürlich wurde der Polizist daraufhin noch widerspenstiger und versteifte sich darauf, daß er seine Pflicht tun müsse.

Gwendoline sagte plötzlich: «Ich bin müde, Vati.» Clagg hob sie hoch. Sie lehnte zufrieden und vertrauensvoll ihren Kopf an seine Schulter und schlief sofort ein.

Sie wären jetzt fortgegangen und hätten sich vermutlich auf dem Weg zum St. Pancras-Bahnhof und nach Hause gemacht, oder vielleicht wäre es ihnen gelungen, irgendwo ein Fernsehgerät ausfindig zu machen, wenn nicht unter der ausgesperrten Menge die bei solchen Anlässen unvermeidlichen Gerüchte kursiert und immer neue Hoffnungen in ihnen erweckt hätten.

Nachdem die ersten Proteste und die Versuche, die Schranke zu passieren, sich als erfolglos erwiesen hatten, wurde die Menge kleiner. Es gab gewisse Veränderungen: die Enttäuschten gingen, Neuankömmlinge traten an ihre Stelle. Aber ein fester Kern von Leuten blieb zurück, weil zu ihnen Nachrichten aus angeblich gut informierter Quelle durchsickerten: die Tore, so munkelte man, würden innerhalb einer Stunde wieder geöffnet werden; und später hieß es wiederum in zwei Stunden, in drei Stunden. Sobald sich die Menge auf der andern Seite gleichmäßiger verteilt hätte, würden mehr Menschen durchgelassen werden. Und dann wieder wußten die Eingeweihten zu erzählen,

Geld bricht nicht alle Schranken . . .

. . . ein schrankenloses Dasein kann selbst der Reiche sich nicht leisten. Es gibt eben ein paar Dinge im Leben, die für Geld allein nicht zu haben sind: Ein Ehrenplatz bei einer Krönung etwa, oder der Buckingham-Palast, oder eine Reise von Ost- nach Westberlin. Selbst so schlichte Dinge wie ein Lottogewinn sind für viele Millionen nicht mit Sicherheit zu erreichen.

Was Mr. Clagg betrifft, so kann er sich ob verlorener Pfunde immerhin mit Schopenhauer trösten, der da meinte: Kein Geld ist vorteilhafter angewandt als das, um welches wir uns haben prellen lassen; denn wir haben dafür unmittelbar Klugheit eingehandelt. Na ja, Klugheit trägt bisweilen auch Zinsen.

daß alle, die draußen bleiben mußten, unmittelbar nach der Krönung eingelassen werden würden.

An keinem dieser Gerüchte war etwas Wahres, aber sie vermehrten sich immer wieder und wurden aufs neue belebt, wenn Neuankömmlinge eintrafen oder irgendwer aus dem inneren Gelände zum Vorschein kam. Jedesmal, wenn sich die kleine Pforte öffnete, ging ein Raunen und eine Bewegung durch die Menge, die in diesem Augenblick auch die Menschenmassen auf der andern Seite erspähen konnte. Man sah auch, daß die Polizei unmittelbar hinter der Tür einen Raum freigelassen hatte, wodurch die Hoffnung, es würden Vorbereitungen für ihre Zulassung getroffen, frische Nahrung erhielt. Es hieß sogar, daß nach der Ablösung des Wachpostens an der Pforte ein anderer Polizist kommen würde, der mit sich reden ließe und der alle, die es verdienten, passieren lassen würde. Diese schnell kursierenden Gerüchte veranlaßten den hoffnungsvoll im Regen wartenden Menschenhaufen, den ganzen Vormittag hindurch Stunde für Stunde auszuharren. Und die Claggs waren auch dabei.

Sie wußten nicht, wohin sie hätten gehen können, außer besiegt die Rückfahrt anzutreten. Solange noch eine Möglichkeit bestand, an dieser Stelle Einlaß zu finden, mußten sie bleiben. Sie hatten keine Ahnung davon, mit welcher Geschwindigkeit falsche Gerüchte in einer Menschenmenge von Mund zu Mund weitergegeben werden, und so dachte Clagg, ihre beste Chance bestünde darin, an Ort und Stelle zu bleiben, anstatt am Rand des Krönungsbezirks in der ihnen unbekannten Stadt umherzuwandern.

Und sonderbarerweise geschah auch einiges, das ihnen Erfolg zu verheißen schien. Einmal öffnete sich zum Beispiel die Pforte, und zwei Polizei-Sergeanten traten heraus. Der Polizist, der das Tor bewachte, salutierte stramm. Die beiden Sergeanten betrachteten einen Moment lang den Menschenhaufen und unterhielten sich leise miteinander. In der Menge begannen die Herzen erwartungsvoll zu schlagen, Augen leuchteten hoffnungsvoll auf, und einige riefen: «Na, wie wäre es, Sergeant?» Offensichtlich wollten sich die beiden einen Überblick über die Lage verschaffen, ehe sie den Befehl gaben, die Wartenden einzulassen. Aber dann drehten sich die Sergeanten einfach um und gingen wieder nach innen, ohne auch nur ein Wort mit dem Polizisten zu wechseln. Gewiß waren damit die unmittelbaren Hoffnungen der harrenden Menge zunichte geworden. Aber konnte man denn wissen, ob die beiden nach Prüfung der Lage nicht drinnen Bericht erstatten würden? Vielleicht würde man dann etwas zu ihren Gunsten unternehmen? Das zumindest wußten die Gerüchte zu erzählen, und die Claggs blieben.

Gwendoline wachte auf, hob den Kopf von der Schulter ihres Vaters und fragte schläfrig: «Kommt die Königin?»

Er stellte sie auf den Boden nieder, seine Arme schmerzten. Die Mutter schob ihr einige feuchte Locken aus der Stirn und sagte: «Noch nicht, Liebling. Schlaf noch ein bißchen weiter.»

Die Großmutter sagte: «Warum sagt ihr es ihr nicht? Sie wird sie nie zu Gesicht bekommen.»

«Ich kann es ihr nicht sagen», erwiderte Will Clagg verzweifelt.

Zum erstenmal wurde Johnny Clagg die Lage völlig klar. «Werden wir überhaupt nichts sehen?» jammerte er.

Clagg mußte ihn anlügen: «Jetzt noch nicht. Vielleicht später.» Er überlegte, ob er mit dem wenigen Geld, das er bei sich hatte, den Polizisten bestechen könnte. Gleichzeitig wußte er jedoch, daß er, selbst wenn eine Million Jahre vergehen sollten, dem Polizisten mit einem solchen Vorschlag nicht kommen konnte und daß der Mann ihn in einer Million Jahre niemals annehmen würde. Inzwischen regnete es ununterbrochen weiter, und in der Ferne läuteten Glocken.

Die durch das Erscheinen der Polizeioffiziere verursachte glückliche Stimmung hatte sich gerade verflüchtigt, als es zu einer andern Ablenkung kam. Eine Gruppe junger Leute fand sich ein, drei Mädchen und zwei Burschen, etwas über zwanzig Jahre alt und gut eingehüllt, um sich vor dem Wetter zu schützen. Sie hatten einen Schirm, ein kleines Kofferradio und zwei Päckchen Sandwiches bei sich. Mit jener grenzenlosen und heiteren Gleichgültigkeit gegenüber den Äußerlichkeiten des Lebens, wie sie der Jugend zu eigen ist, hatten sie offensichtlich die langen und komplizierten Bestimmungen ignoriert, die die Behörden für Regelung des Verkehrs von Fußgängern und Fahrzeugen am Krönungstage erlassen hatten, und so forderten sie den vielgeplagten Polizisten fröhlich auf, sie passieren zu lassen. Als ihnen prompt der Durchgang verwehrt wurde, protestierten sie nicht, sondern stellten ihr Rundfunkgerät unter den Schirm, schalteten es ein und stellten sich im Kreis auf, um zuzuhören.

Die Stimme des Kommentators in der Westminster Abbey wurde vernehmbar. Die Nahestehenden, darunter die Claggs, traten noch näher heran, um hören zu können, und bald bildete sich ein ganzer Ring von Zuhörern um die jungen Leute. Sie und ihr Kofferradio standen bald im Mittelpunkt der allgemeinen Aufmerksamkeit, und das machte sie offensichtlich ganz glücklich.

Die aus dem kleinen Lautsprecher tönende Stimme flößte den Claggs neues Leben ein. Sie waren dankbar dafür: es war, als ob sich plötzlich alles zum Besseren gewendet hätte. Sie lauschten begierig, ohne daß ihnen der Gedanke kam, daß sie denselben Kommentar genausogut in der Wärme und Bequemlichkeit ihres eigenen Heims hätten hören können.

«Hört dem Mann zu», ermahnte Violet Clagg die beiden Kinder, «er spricht über die Königin.»

Die gedämpfte Stimme des Berichterstatters in der Abtei sagte: «In einem Augenblick werden Sie die Fanfare hören. Sie ist das Signal für die feierliche Zeremonie, in der die Königin vom Erzbischof von Canterbury dem Adel des Reiches vorgestellt wird ...»

Hoch oben, unter dem Dach der Abtei, setzten Trompeter mit einer einmütigen Bewegung ihre mit Bannern geschmückten silbernen Instrumente an die Lippen und ließen eine Fanfare ertönen, die widerhallend den großen Dom erfüllte und das Schweigen in Gewölbe und Kirchenschiff zerschmetterte. Das war das Zeichen für den Beginn der Zeremonie der Anerkennung, jenes betörend schönen, anachronistischen Aktes, durch den die zur Krönung bereite Königin den zu ihrer Anerkennung versammelten Edlen des Reiches vorgestellt wurde.

Die Königin in ihrer goldgestickten, weißen Robe war eine winzige Gestalt in einem Meer von Licht, als sie in der Mitte der Abtei auf dem mit einem blauen Teppich belegten Boden stand. Die Farbe ihres Gewandes drückte sinnbildlich aus, daß sie an diesem Tage auch die Braut Englands werden sollte, dem Staate, der Kirche und den britischen Untertanen in der ganzen Welt unlösbar angetraut.

Es war einer jener erstaunlichen Augenblicke in der Geschichte der Zähmung des Menschen durch die Zivilisation, in denen er seine große weltliche Macht preisgibt, um dem geistigen Ideal zu dienen.

Hier stand eine einsame Frau, sanft und hilflos wie ein Falter. Sie hatte keine Macht außer der Geschichte und dem Streben der Nation, die sie repräsentierte. Hinter ihr standen keine Armeen. An ihrer Seite stand nur ein gütiger alter Mann in schimmernd grünem Ornat, der ein Kreuz in der Hand hielt.

Die Macht des Menschen war gleichsam personifiziert in der schwarz gekleideten Gestalt des Lordkanzlers in seiner mächtigen, furchteinflößenden Perücke, in dem Lordoberkämmerer, dem Großzeremonienmeister und dem Wappenkönig des Hosenbandordens in seinem vielfarbigen Waffenrock, die der Königin beinahe feindlich gegenüberzustehen schienen, und in der gewaltigen Gemeinde von Männern und Frauen, Hochadeligen und Edelleuten, die sie auf allen vier Seiten umgaben.

Das letzte Echo der Fanfare verklang in dem gewölbten Steinwerk des Abteidaches, und in der Stille, die nun folgte, konnte man die alte, klare, gewichtige Stimme des Erzbischofs von Canterbury vernehmen. Er ergriff die kleine, weiße Hand der Königin und sprach, sich mit ihr der nach Osten blickenden Masse von Gestalten und Gesichtern zuwendend, die Worte: «Sirs, ich stelle Ihnen Königin Elisabeth, die unbezweifelte Königin dieses Reiches vor. Sind Sie, die an diesem Tage gekommen sind, um ihr zu huldigen und zu dienen, gewillt, dies zu tun?»

Die Antwort kam sofort als ein kurzer, heller Zuruf: «Gott schütze Königin Elisabeth!»

Und wieder erklang die Fanfare von den silbernen Trompeten unter dem Dach, und die Königin grüßte die versammelten Adeligen mit einem exquisiten Hofknicks.

Sie war so jung und anmutig, und die Neigung ihres Kopfes und Körpers, mit der sie die Herren grüßte, war voller Sanftheit; aber sie vergab darum nicht ein Jota ihrer Würde. Diese Bewegung war ein Appell, aber gleichzeitig auch der Ausdruck ihrer Autorität, und dieser Appell war so unsagbar rührend, daß alle, die sie sahen, es nicht hindern konnten, daß sich ihre Kehlen zuschnürten und ihre Augen mit Tränen füllten. Die Königin bat um ihre Anerkennung und Bestätigung, denn ohne diese war sie nicht mehr als ein schwaches, verwundbares Menschenkind; und zur gleichen Zeit forderte sie diese Anerkennung, gestützt auf das Recht ihrer Geburt, ihrer Herkunft, Erbschaft und Gottes Zustimmung.

In diesem Augenblick wurden Geschichte und Tradition lebendig, und man erwartete fast, daß von himmlischer Höhe eine mächtige Stimme dem Dröhnen einer Orgel gleich ertönen würde: «Nimmst du, Volk von Großbritannien, diese Frau, Elisabeth, zu deiner dir gesetzlich angetrauten Königin, solange ihr beide am Leben seid?»

Viermal schmetterten die Trompeten, viermal stellte der ehrwürdige Erzbischof seine Frage, viermal beugte sich der braune Kopf, als die kleine, stolze Gestalt ihren Hofknicks nach Norden, Süden, Osten und Westen machte, auf daß sie in den vier Windrichtungen des Erdballs willkommen geheißen und anerkannt werde.

Die mit gedämpfter Stimme gesprochene Beschreibung aus der Abtei, die aus dem kleinen Rundfunkgerät unter dem Regenschirm ertönte, schlug plötzlich in Musik um und in die nasalen Laute eines französischen Liedes. Während die Königin in der Abtei in ihre Robe gekleidet wurde, klang die Beschreibung der Zeremonie langweilig, und so hatte einer der Jungen einfach auf einen französischen Sender umgeschaltet.

Damit wurde Will Clagg unvermittelt in die Realität zurückversetzt. Ihn packte maßlose Wut über den schäbigen Streich, den das Schicksal ihnen gespielt hatte. Beinahe wäre er in einem jähen Temperamentsausbruch gegen das Tor angestürmt, um es mit seinen kräftigen Schultern aufzusprengen und das Versprechen einzulösen, daß seine Tochter die Königin sehen würde.

Sein Zorn verebbte. Mit dem Auge eines Fachmannes erkannte er, daß die Barriere errichtet worden war, um dem Druck von Tausenden zu widerstehen. Er konnte mit Gewalt nichts erreichen. Aber was sollten sie nun tun? Wohin sollten sie gehen? Noch hofften sie, daß etwas den Tag für sie retten könnte. Sie gaben sich dem Glauben hin, daß sie sich durch ihr langes, geduldiges Ausharren eine Belohnung verdient hatten, als ob sie einen Aktivposten erworben oder dem Schicksal eine Gebühr oder Bestechung gezahlt hätten, und daß sie ihren Anspruch verpfänden würden, wenn sie nun ihr Glück woanders suchten. So wie die andern, die hoffnungsvoll an Ort und Stelle geblieben waren, betrachteten sie sich als die Veteranen dieses besonderen Sektors, als Schicksals- und Leidensgenossen. Sie hatten einige Freundschaften geschlossen, und jeder im Umkreis wußte um ihr Unglück und zeigte sein Mitgefühl. So waren sie nicht in der Stimmung, sich auf ein neues Territorium zu wagen. Die Fassade des St. Georgs-Krankenhauses war ihnen jetzt ebenso vertraut wie der Fahrweg im Hyde Park. Jede Leiste und Planke, jeder Balken und jeder Nagel der hölzernen Barriere war ihnen bekannt. Hier fühlten sie sich wenigstens ein bißchen zu Hause.

Die kleine Tür öffnete sich von innen und verursachte eine allgemeine Bewegung, ein geräuschvolles Sich-Wenden und neugieriges Hälserecken, denn von dieser Seite erhofften alle die Erlösung. Es trat jedoch nur ein durchnäßter Andenkenverkäufer heraus, der sich, nachdem er seine Waren verkauft hatte, mit beinahe leeren Körben an eine Stelle zurückziehen wollte, wo er Wärme und Stärkung finden könnte. Er war ein kleiner Mann mit schlechten Zähnen und schlauen Spitzbubenaugen. Er trug schlappe Kleider, und seine Sportkappe war über die Ohren gezogen. Erstaunt blickte er auf die vor der Schranke versammelten Menschen und sagte, nicht gerade hoffnungsvoll und lebhaft: «Andenken! Die letzten, die noch übrig sind. Herabgesetzte Preise! Wer will was haben?»

Es gab nicht viel Auswahl in seinem Korb: zwei kleine Puppen mit rot-weiß-blauen Rosetten, eine nasse Fahne, einige Luftballons und außerdem ein Periskop, eines jener langen, schmalen Kästchen mit Spiegeln an beiden Enden.

«Heda, einen Moment!» sagte Clagg. «Lassen Sie mich mal das Ding ansehn!»

«Genau das, was man heute braucht!» sagte der Händler und reichte ihm das Periskop. «Macht Sie drei Meter groß. Sie können damit über alle Köpfe hinwegsehen. Nachher können die Kleinen damit spielen. Das letzte Stück. Ich geb es Ihnen für fünf Shilling.»

Will Clagg richtete das Instrument auf und blickte unten hinein. Wenn er auf der anderen Seite der Barriere gestanden hätte, wäre er imstande gewesen, damit selbst über die Köpfe der größeren Leute hinwegzusehen, aber hier reichte das Gerät kaum bis zur oberen Kante der Barriere. Man sah darin nur den höheren Teil des Torbogens und etwas Blätterwerk. Das war hoffnungslos. Wenn er es höher hielt, konnte er nicht mehr sein Auge anlegen. Die ganze Sache erinnerte ihn an einen jener Albträume, in denen man immer den Autobus verpaßt oder vor einer Gefahr davonzulaufen trachtet – in Schuhen, die aus Blei bestehen.

Clagg gab dem Straßenhändler das Periskop zurück, der ihn, seine häßlichen Zähne entblößend, angrinste und sagte: «Sie sind eben ein wenig kurz geraten, nicht wahr? Sie hätten etwas mehr wachsen sollen! Wie wäre es mit etwas für die Kleinen?

«Halt nur die Schnauze! Zeig mal, was du da drin hast!» Er kaufte eine Puppe für Gwendoline und die nasse Fahne für Johnny.

Violet mahnte: «Sag schön Danke!» und Gwendoline sagte Danke, aber ihre Gedanken weilten ganz woanders, bei der Königin. Sie fragte sich, wie sie all ihre Liebe in einem Lächeln und Winken ausdrücken könnte, wenn die Königin in ihrer goldenen Kutsche vorbeifahren würde. Vielleicht sollte sie mit beiden Händen gleichzeitig winken, dachte sie.

Johnny andererseits war alt und klug genug, um zu wissen, daß er nie Gelegenheit haben würde, der Königin mit seiner Fahne zuzuwinken. Nie würde sein Fähnchen ein Teil des Meeres von flatternden Wimpeln auf der andern Seite der Schranke werden. Statt dessen pflanzte er sie hoch oben auf Höhe Nummer 5, um sie mit den Überlebenden seines Regiments bis zum letzten Atemzug zu verteidigen. Er konnte beobachten, wie sich unten die feindlichen Truppen für den Angriff gruppierten. Ohne auch nur einen Augenblick lang an seine eigene Sicherheit zu denken, ging er, das Gewehr in der Hand, von einem Soldaten zum andern und sprach jedem einzelnen Mut zu: «Haltet stand, Kameraden! Wir werden niemals kapitulieren! Sollen sie nur kommen! Wir werden ihnen schon zeigen, daß wir es mit ihnen aufnehmen können!»

Bald nach der Mittagsstunde brach zwischen den jungen Leuten, denen das Radio gehörte, ein Streit aus, oder vielmehr zwischen dem eigentlichen Besitzer des Geräts, der offenbar Lionel hieß, und den andern. Lionel war ein sehniger Bursche mit einem kurzen Schnurrbart. Er schnalzte mit den Fingern und wiegte sich rhythmisch in den Hüften. Die Mädchen wollten jedoch die Beschreibung der Krönung hören.

«So mach doch schon, Lionel», sagten sie immer wieder. «Schalt das Ding wieder um. Wir wollen mit anhören, wie die Köngin gekrönt wird.»

«Ah – dada – dedi – dada –!» sang Lionel, schnalzte mit den Fingern und wiegte sich in den Hüften.

Die Claggs waren sich einig, daß sie Lionel haßten und daß die Mädchen recht hatten. Auch sie wollten die Krönung hören. Die Großmutter murmelte: «Uh, diese jungen Leute von heute!»

Clagg sagte: «Junger Frechdachs! Wenn er meiner wäre, würde ich es ihm schon zeigen!»

«Also komm, Lionel! So schalt doch schon um! Es ist höchste Zeit!»

Das Dilemma wurde durch den andern Burschen gelöst, der Lionel einfach zur Seite schob und an dem Knopf des kleinen Kastens drehte.

Wiederum ließ sich die verhaltene Stimme des Kommentators vernehmen. Als er sagte, daß der Augenblick der Krönung nahe sei, rückten alle Umstehenden näher heran.

Und weit entfernt in der Abtei krönte der Erzbischof die Königin. Als er die reich mit Edelsteinen gezierte, schwere Krone auf das hellbraune Haar des leicht gebeugten Hauptes setzte, gab er damit das Signal zu einem Glockenläuten und Dröhnen von Salutschüssen, das in den fernsten Teilen der Erde zu hören war.

Dieser Augenblick gehörte dem Priester, dem Mittler zwischen Gott und Menschen, dem Erzbischof von Canterbury, dessen Aufgabe es war, die geistliche Macht auf ihr weltliches Instrument zu übertragen und die Salbung der Königin als Gottes Repräsentantin in ihrem Reich zu vollziehen.

Aber es war gleichzeitg auch die Geste und Handlung eines edlen, gütigen Menschen, eines alten Mannes, der die Schwächen des Körpers wie des Geistes kannte und verstand. Die goldene St. Edwards-Krone war schwer, unförmig und mühsam zu tragen. Sie konnte durch ihr Gewicht schmerzhaft auf Hinterkopf und Stirne drücken.

Fast schien es unmöglich, daß so viel in einer einzigen eleganten und einfachen Gebärde vereint werden konnte, die gleichzeitig väterliche Sorge und die ehrfurchtgebietende Symbolik majestätischer Hoheit ausdrückte. Er war mit behutsamer Überlegung auf ihre Würde bedacht: die Krone war zu schwer für das kleine Haupt, sie konnte leicht umkippen und mußte mit solchem Gefühl für Gleichgewicht aufgesetzt werden, daß sie nicht gleiten oder sich verschieben oder während der langen, anstrengenden Zeremonie, die noch folgen sollte, irgenwie ihre Lage ändern konnte, ehe sie schließlich entfernt würde.

Und als er das schimmernde Symbol auf ihren Kopf gesenkt hatte, hielt er es noch einen Augenblick fest, um sich zu vergewissern, daß es bequem, verläßlich und sicher auf ihrem Haupte ruhte. Man fühlte geradezu, daß das Herz des alten Mannes von Kummer darüber erfüllt war, daß eine solche Last der Verantwortung auf einen so jungen Menschen, eine so schicksalsschwere Erbschaft auf eine so zarte und gebrechliche Frau übertragen werden solle. Er verlieh ihr Größe – und gleichzeitig endlose Sorge.

Dann löste er mit einer grandios-väterlichen Bewegung seine Hände und trat zurück. Der große Akt der Krönung war vollendet.

Das scharfe Knallen der Salutschüsse, die von den im nahe gelegenen Hyde Park aufgestellten Feldgeschützen abgefeuert wurden, ließen alle zusammenzucken. Den Salven folgten als Echo die fernen Kanonenschüsse vom Tower. Glocken läuteten und bimmelten wild in allen Richtungen.

Will Clagg sah auf seine Uhr. Es war 12 Uhr 32. Die Kanonen und das Glockenläuten und die lauten Hochrufe der auf der andern Seite der Barriere versammelten Menge übertönten das kleine Radio. Er nahm den Hut ab und ließ den Regen auf seinen Kopf fallen. In diesem Moment spielte es keine Rolle, daß er barhaupt hinter der Schranke stand. Er empfand Stolz darüber, daß er zugegen war, und eine in seinem Herzen aufquellende Freude.

Violet Clagg murmelte: «Gott segne sie!» und drückte das nasse Taschentuch, mit dem sie sich vorher die Feuchtigkeit vom Halse gewischt hatte, gegen ihre Augen.

Großmutter Bonner schnupfte und sagte: «Ich wünsch ihr viel Glück!»

Der Menschenhaufen, der das Rundfunkgerät umringte, brach in Hochrufe aus, und Johnny schwenkte seine Fahne. Gwendoline rief: «Vati, kommt sie jetzt? Vati, ich kann nichts sehen!»

«Nein, nein», beruhigte sie Clagg. «Noch nicht Gwenny. Wir haben noch eine Menge Zeit. Wir werden auf dem Posten sein, wenn sie kommt.» Aber er wußte nicht, wie er es anstellen würde.

Großmutter Bonner begannen die Füße in den nassen Schuhen weh zu tun. Die Beine schmerzten ihr vom Stehen. Sie war hungrig. Ihr Haar war triefend naß. Aber sie wünschte, daß es noch heftiger regnen möge und daß sie vor Tagesende noch viel schrecklichere Dinge mitmachen würden, als sie bereits erlebt hatten.

Um nämlich der Wahrheit die Ehre zu geben: sie war höchst vergnügt. Sie erwartete von den Unbilden der Witterung so viele Krankheiten, Leiden und Schmerzen, daß sie sich die ganze Familie Clagg während der kommenden sechs Monate völlig dienstbar machen könnte.

Den Gebrechen der Großmutter Rechnung zu tragen, gehörte zum Lebensritual der Claggs. Wenn man ihr Glauben schenken konnte, litt sie an Rheumatismus, Arthritis, Ischias, Arterienverkalkung, Versteifung der Gelenke, Sehnenentzündung und jeder anderen Krankheit, von der sie gerade zufällig in den Zeitungsinseraten der pharmazeutischen Industrie gelesen hatte. Am Morgen mußte man sie fragen, ob es ihr besser ginge, und bevor sie zu Bett ging, mußte man sich erkundigen, ob sie wohl imstande sein würde, zu schlafen. Die Claggs zweifelten niemals ihren Rechtsanspruch auf diese Leiden an, da sie ihr angesichts ihres fortgeschrittenen Alters durchaus zu gebühren schienen.

So wünschte die Großmutter Donner, Blitz und Hagel herbei. Sie hoffte, daß der Ossa auf den Pelion getürmt würde, damit sie später von Will Clagg köstliche Zugeständnisse erpressen könne. Sie hatte die Katastrophe glücklich vorausgesagt. Durfte sie jetzt nicht erwarten, daß ihr Schwiegersohn sich wie ein Wurm vor ihr im Staub krümmen würde?

Zugegeben, die alte Dame hätte selbst gerne einen Blick auf die Königin geworfen, und zwar genau aus dem Grunde, der von ihrem Schwiegersohn erwähnt worden war: sie hätte dann zwei der großen Königinnen von England gesehen, die eine im Tode, die andere bei der Krönung, und sie wäre die lebendige Verbindung zwischen ihnen gewesen. Aber ihre Enttäuschung wurde aufgewogen durch den Gedanken, daß sie jedesmal, wenn sie von Wills Torheit berichtete, ein perverses Entzücken empfinden könnte. Wenn alle Verheißungen dieses Tages erfüllt worden wären, wenn sie ihren Platz im Fenster eingenommen oder auch nur auf der Prozessionsroute in der Menschenmenge hätte stehen können, dann hätte sie, wie sie wußte, nur das gesehen, was jeder andere sah. Und welchen Staat konnte man damit schon machen? Aber von diesem Malheur und seinen unzweifelhaften Folgen zu erzählen, würde Stunden in Anspruch nehmen, und so hatte sie ein Gesprächsthema zur Verfügung, mit dem sie ihre Freundinnen in Morecambe und Little Pudney bis zu ihrem Lebensende am Teetisch unterhalten konnte.

Will Clagg und Violet, deren Kummer durch das völlig zusammengebrochene Selbstvertrauen ihres Mannes noch vermehrt wurde, erhoben keinen Einspruch, als jetzt die Großmutter das Kommando über die Kinder übernahm. Unbarmherzig erteilte sie ihnen Weisung um Weisung, zupfte ihre Kleider zurecht, zerrte sie hinter sich her, bemitleidete sie im nächsten Augenblick, liebkoste und verzärtelte sie mit lauten, pointierten Bemerkungen über die Torheit, solche kleine Dinger auf eine derartige Expedition mitzunehmen, und verteilte die kleine Schokoladenration, die sie mitgebracht hatte und die alles war, mit dem sie ihren Hunger stillen konnten.

Das Radio verband sie noch immer mit der feierlichen Zeremonie in Westminster Abbey. Lionel hatte sich dem Willen der Mehrheit gefügt und gab sich damit zufrieden, den Apparat auf die Wellenlänge der BBC eingestellt zu lassen, ja er sonnte sich geradezu in der Aufmerksamkeit des lauschenden Menschenhaufens und in dem Ruhm, der Besitzer des Geräts zu sein. Aus seinem Gesichtsausdruck war zu schließen, daß ohne ihn der Rundfunk überhaupt nicht existiert hätte.

So hörten sie, wie in dem Gotteshaus, in das die Stimme des Kommentators sie vorübergehend versetzt hatte, die Edlen des Reiches vortraten und zu Füßen der Frau niederknieten, die wenige Minuten vorher durch eine mystische Verwandlung über sie gestellt worden war.

Sie sanken nicht nur auf die Knie, sondern zeigten durch eine symbolische Geste an, daß sie sich als ihre Untertanen bekannten. Sie falteten die Hände wie zum Gebet, hielten sie zwischen die Hände der Königin und verpflichteten sich auf diese Weise zu immerwährender Treue.

Unter der Führung des Erzbischofs von Canterbury, dem ihr eigener Gemahl und Vater ihrer Kinder, Prinz Philipp, auf dem Fuße folgte, traten dann die Männer vor, deren Name sich in jahrhundertelanger Geschichte dem Gedächtnis eingeprägt haben. Die grauen Köpfe gesenkt, beugten sie das Knie vor ihr und huldigten ihr. In unseren Tagen, in unserem Zeitalter hätte die Zeremonie leicht bedeutungslos und archaisch erscheinen können. Aber ihre Schönheit war so außerordentlich, daß man den Atem anhielt.

Die Prozession der Peers, die zum Treuegelübde befugt waren, schien sich jedoch endlos in die Länge zu ziehen, als die Reihe auch an die Männer von niederem Adel kam, und Lionel sagte: «Das geht ja die ganze Zeit so weiter! Gehen wir!» Diesmal fügten sich seine Freunde. Er drehte am Knopf. Debussy tönte aus dem Kästchen, und die fünf wanderten, von seinen Dissonanzen begleitet, davon, zum Bedauern der Zurückbleibenden, die auf diese Weise ihren einzigen Kontakt mit der Krönung verloren hatten.

Die Kinder hatten die ganze Schokolade verzehrt, die die Claggs mitgebracht hatten. Nichts deutete darauf hin, daß sich der Lauf der Ereignisse ändern oder das Tor geöffnet werden würde, um sie durchzulassen. An dieser Stelle zu stehen, war zur Gewohnheit geworden. Niemand brachte die Energie auf wegzugehen, denn einer jeder fürchtete, etwas zu versäumen. Als das Unvermeidliche geschah und die Kinder bekanntgaben, daß sie das W.C. aufsuchen müßten, besorgten sie das der Reihe nach. Zum Glück waren sie in nächster Nähe der Bedürfnisanstalt bei Hyde Park Corner. Violet ging zuerst mit der Großmutter und Gwenny. Dann wanderte Will mit Johnny hin. Als sie etwas erfrischt zurückkamen, blieben sie einfach weiter stehen. Es war, als ob irgendein Zauber sie für alle Ewigkeit an dieser Stelle fixiert hätte.

Zugegeben: Will Clagg unternahm einen etwas zaghaften Versuch, aus dem Kokon der Trägheit auszubrechen, in den er eingesponnen war, aber er hatte eine zu große moralische Niederlage erlitten, um sich durchzusetzen. Er deutete halblaut an, daß es wohl am besten wäre, wenn sie alle heimgingen, um warme, trockene Kleider anzuziehen. Niemand antwortete ihm. Für Violett hätte die Heimkehr das Ende des Abenteuers bedeutet, wenn ihr Erlebnis überhaupt diese Bezeichnung verdiente, und was die Großmutter betrifft, war erst die Hälfte des Leidenstages vergangen. Es galt noch, ein Guthaben von vier oder fünf weiteren Stunden des Unbehagens und Elends zu erwerben. Sie hatte es nicht eilig, Schluß zu machen.

Man kann unmöglich sagen, ob er, wiewohl er auf solche Weise ignoriert wurde, sich weiter für seinen Vorschlag eingesetzt hätte. Denn in diesem Augenblick – es war kurz nach zwei Uhr – vernahm man das Dröhnen ferner Trommeln und das von Windstößen herangetragene Trara von Militärmusik. Die Prozession war unterwegs.

Auf die Gefangenen hinter der Barriere übte die kriegerische Musik sofort eine elektrifizierende, belebende Wirkung aus. Die Rücken strafften sich, die von Müdigkeit und Erschöpfung matt gewordenen Augen leuchteten auf. Man bedrängte den Polizisten: «So mach doch! Wirst du uns jetzt durchlassen oder nicht?»

Der junge Polizist, auf den die fernen Klänge gleichfalls ihre Wirkung hatten, grinste verlegen. Es sah so aus, als ob nun etwas geschehen sollte, aber die Lage blieb unverändert. «Ich habe keine Weisung, Sie durchzulassen», wiederholte er. «Ich kann selbst nicht mehr sehen als Sie.»

«Sie werden dafür bezahlt, hier zu stehen. Was soll mit den Kleinen da geschehn? Die sind von Sheffield hergekommen, um die Königin zu sehn.»

Der Polizist drehte ihnen den Rücken zu. Näher und näher kam die erste der Kapellen unter den dröhnenden, schmetternden und schrillen

Klängen des aufwühlenden Militärmarsches. Die metallene Musik nahm an Lautstärke zu, als die marschierende Kapelle aus der Schlucht des Piccadilly auftauchte und in den Platz einzog. Sie schwenkte ein mit einem Kreischen der Querpfeifen, Schmettern der Blechinstrumente und Schlegelschlag auf nasse Trommelfelle. «Bum, bum, bum-di-bum!» ging der Rhythmus, und man konnte im Geiste die stolzen Trommler mit ihren Pantherfellen sehen, wie sie die Schlegel über ihren Köpfen wirbelten, ehe sie sie wieder mit einem Krach auf die Seiten ihrer Instrumente niedersausen ließen. «Ti-bum, ti-bum, ti-bum!» Tschinellen klirrten, bebten und hallten nach und ließen die Luft mit ihren Schwingungen erzittern.

Zu den aufpeitschenden Klängen der Msuik gesellten sich jetzt das endlose «Tram-tram-tram-tram!» marschierender Füße und die melancholischen, schrillen, gedehnten Kommandorufe der Offiziere. Sie befahlen, nach rechts zu schwenken, als sie um das Dreieck jenseits Hyde Park Corner zogen, sich teilten und durch die Torbögen marschierten, durch die man den East Carriage Drive erreicht.

Die hinter der Barriere Stehenden dachten von nun an nicht mehr daran, forzugehen. Die Klänge füllten ihre Ohren, erhitzten das Blut in ihren Adern und ließen ihre Glieder zucken. Sie standen Tantalusqualen aus, aber es gab keine Flucht. Ohne daß es ihnen klar war, fanden sie sich mit der Hälfte des Schauspiels ab. Wenn es ihnen schon versagt war zu sehen, konnten sie wenigstens hören. Ganz in der Nähe der Claggs tanzten einige bei der kleinen Pforte im Takt der Musik. Es wärmte sie und gefiel ihnen. Als eine Kapelle der andern folgte, hatten sie den Eindruck, daß sie dem Geschehen vor dem Lautsprecher folgten. Wenn man nicht die Schritte der Marschierenden hörte, vernahm man den rhythmischen Hufschlag der Kavalleriepferde auf dem Asphalt, begleitet von dem fröhlichen metallischen Klirren der Geschirre und Waffen.

Sie hörten das gewichtige, polternde Vorbeirollen der von Schützenpanzerwagen und Lastern gezogenen Geschütze und später das charakteristische metallische Dröhnen und Donnern der Panzer. Es gab jetzt keine Unterbrechung in der Msuik. Querpfeifen und Trommelwirbel mischten sich mit den Trompetenklängen der Militärkapellen, um von den Baßtönen und dem Quieken der Dudelsackpfeifer oder den Hörnern und Kesselpauken der Ulanen und Husaren abgelöst zu werden.

Bisweilen gab es eine Pause, und zu den Lauschenden drang dann das Geräusch, das beim Gewehr-bei-Fuß-Stellen der Waffen erzeugt wird, da die Parade vorübergehend zum Stillstand kam. Dann tönten, in der Ferne verklingend, die Rufe der Offiziere herüber, als ob jedes Kommando ein anderes in größerer Entfernung auslöste. Wieder hörte man das Rascheln und Klappern, das beim Schultern der Gewehre entstand, wieder ein melancholisches Kommando und den strammen Rhythmus von Füßen im Gleichschritt.

So tönte regimentsweise der Widerhall der paradierenden britischen und Commonwealth-Truppen über die Barriere, während über ihren Köpfen die Kampf- und Jagdflieger der Royal Air Force mit dem lärmenden Dröhnen ihrer Motoren zu der großen Militärsymphonie beitrugen.

Während all dies geschah, litt ein kleiner Junge, verborgen und unbemerkt von der dichten Menge ringsum, unaussprechliche Qualen.

Denn Johnny Clagg war gekommen, um einen Blick auf diese glitzernden Uniformen auf der andern Seite der Schranke werfen zu können. Dafür hatte er bereitwillig auf seine geliebten Ferien verzichtet. Niemals wieder in seiner Kindheit dürften alle die Soldaten, Matrosen und Flieger der Länder, die einmal das größte Reich der Geschichte gebildet hatten, in einer Parade vereinigt sein.

Sie marschierten jetzt vorbei, mit Stahlhelmen, Bärenfellmützen, mit Baskenmützen oder Brustpanzern, in weißen, blauen, grünen, khaki- und scharlachfarbenen Uniformen, Männer, deren Hautfarbe alle Nuancen aufwies von nördlichem Weiß bis zu goldenem Braun und tropischem Schwarz.

Neben den großartigen britischen Regimentern, denen Johnnys Herz gehörte, marschierten die Soldaten der Fidschi- und Salomoninseln, braune Männer aus Borneo, Jamaika, Ceylon, Malaya und Somaliland, Regimenter aus Sarawak, von den Bahamas, aus Kenya und Pakistan sowie aus West-, Ost- und Südafrika. Er müßte jetzt Truppen aus Hongkong, Papua, Neu-Guinea, Australien, Neuseeland, Kanada und Rhodesien sehen. Wann würde ein Junge wieder imstande sein, die berühmten grünuniformierten Gurkhas mit ihren ‹Kukris› oder die roten Röcke und Stetson-Hüte der ebenso berühmten berittenen Polizeitruppe von Nordwest-Kanada zu bestaunen?

Hinter ihnen rollten sicherlich die mechanischen Ungeheuer, die das Herz eines Knaben bezaubern können, all die faszinierenden Metallwaren des Krieges: Haubitzen mit schwarzen, gähnenden Mündern, Flak-Geschütze, die mit warnenden Fingern gegen den Himmel wiesen, Long-Tom-Gewehre, die Atomgeschosse abfeuern können, Maschinen- und Mörserbatterien, Schnellfeuergeschütze, Schützenpanzerwagen, Feld- und Gebirgsartillerie, Flammen- und Raketenwerfer, und die großen Schlachtschiffe des Festlands, die Riesenpanzer. All dies zog wohl vorbei, während Johnny still und vor Kälte zitternd im Regen stand.

Will Clagg wagte es nicht, seinen Sohn anzusehen. Demnächst, so gelobte er, würde er ihn ins Kino mitnehmen, wo sie gewiß im Farbfilm alles sehen würden, was sie jetzt versäumten. Aber der Vater wußte, daß es nicht dasselbe sein würde, daß es für das Kind nie dasselbe sein konnte wie das vom Lärm und Donner der Wirklichkeit begleitete Schauspiel.

Und wenn schon sein Sohn zu leiden hatte, was mußte erst sein anderes Kind erdulden, das seinem Herzen am nächsten war, für das er, weil es seine Tochter war, die wärmsten Gefühle empfand? Was konnte er nur tun, wenn der Augenblick kam, auf den sie, wie er wußte, voller Sehnsucht wartete – die Vorbeifahrt der Königin? Was würde er ihr dann sagen? Seit länger als einem Monat, seit von der Reise zum erstenmal die Rede war, hatte sich ihr ganzes Leben und Wesen auf die Erregung dieses Augenblicks eingestellt. Er fühlte, daß er seine eigene Qual kaum mehr ertragen konnte.

Er hielt zu diesem Zeitpunkt seine Tochter auf dem Arm. Ihr Kopf ruhte auf seiner Schulter. Verstohlen sah er sie an. Ihre Augen waren offen, aber ihre Gedanken waren, das konnte er merken, nach innen gerichtet, wie so oft, wenn sie sich aus der Außenwelt zurückzog. Es war, als ob sie ahnte, daß all das Getöse und Blasen und Pfeifen mit ihrer Sehnsucht nichts zu tun habe. Die Königin – *ihre* Königin – war noch immer weit entfernt. Sie wartete.

Es war kurz vor vier Uhr nachmittags, als der gräßliche Regen, der den ganzen Tag niedergegangen war, endlich aufhörte. In der bis dahin gleichmäßig düster-grauen Wolkendecke erschienen Risse, und hin und wieder kam die Sonne durch. Der Himmel und die Gemüter erhellten sich. Das vorübergehende Sichtbarwerden der Sonne, die zeitweilige laue Wärme auf den Wangen wurden fast wie ein Omen begrüßt. Gewiß war dies ein Bote besserer Dinge und Zeiten! Aber die Schranke blieb fest verschlossen.

Ein neuer Laut wurde vernehmbar; er konnte ebenso gefühlt wie gehört werden. Es begann als ein fernes, ununterbrochenes Brausen, wie man es hört, wenn man eine Meermuschel ans Ohr legt, aber seine Tonhöhe und Intensität steigerte sich, schwoll an und näherte sich immer mehr. Die Königin nahte endlich heran. Es war der Zeitpunkt, da ihre goldene Kutsche planmäßig über Hyde Park Corner fahren sollte. Und je stärker die sich nähernde Sturzflut von Hochrufen anschwoll, desto stiller wurden jene, die noch hinter der hölzernen Schranke standen, da sich jedes Ohr mühte, wenigstens zu hören, was nicht gesehen werden konnte.

Die mächtige klingende Woge floß durch Piccadilly, ergoß sich über Wellington Place und hallte von den Gebäuden in Hyde Park Corner und Knightsbridge wider. Über der gewaltigen Sturzflut war jedoch ein anderes Geräusch zu erkennen: der Hufschlag schwerer Pferde und das Rollen einer großen, polternden, ungefederten Kutsche.

Jetzt begann Gwenny zu schreien: «Vati, Vati, sie kommt! Ich kann nichts sehen! Ich kann gar nichts sehen!»

Kein menschliches Wesen konnte das länger ertragen. Will Clagg drängte sich zur Barriere vor, wo der junge Polizist stand: «Um Gottes willen, Mensch, hast du denn kein Herz im Leibe? Dieses Kind ist fast zweihundert Meilen weit gereist und war die ganze Nacht wach, nur um die Königin zu sehn. Laß mich vorbei, oder ich stoß dich um!»

Tosende Lärmkatarakte übertönten das Heranrollen der goldenen Kutsche und umbrausten alles. Angesichts des jämmerlichen Heulens des Kindes, verwirrt und beunruhigt, bereitete sich der Polizist auf Unannehmlichkeiten vor. Er durfte unter keinen Umständen der Drohung mit Gewalt weichen und diese Leute durchlassen. Die Woge von Hochrufen, die die Erde erzittern ließ, entnervte und ängstigte ihn noch mehr. Er stand aufrecht und verhinderte mit ausgebreiteten Armen den Zutritt.

Will Clagg ballte die Hand zur Faust und holte aus. In diesem Augenblick fühlte er, wie ihn jemand am Ellbogen faßte und eine Stimme nahe seinem Ohr sagte: «Nur gemach, Mensch. Du wirst nicht weit kommen, wenn du einen Polizisten niederschlägst. Wir werden der Kleinen schon helfen. Laß mich mal auf deine Schulter steigen.»

Clagg sah nicht viel von dem Mann. Er trug einen beigefarbenen Regenmantel, seine Mütze war tief ins Gesicht gedrückt, um es vor dem Regen zu schirmen. Ein Augenpaar und ein kurzer, struppiger

Schnurrbart – und dann merkte er, daß er seine Hände verklammert hatte, und der Mann hatte einen Fuß darauf gesetzt und sich mit der Behendigkeit eines Turners auf seine Schulter geschwungen. Dann beugte er sich nieder und rief: «Und jetzt los, hebt das Mädchen in die Höhe! Gib uns die Hand, Kleines! So ist's gut. Und jetzt herauf mit ihr! Wie auf einem Parkettsitz im Theater!»

So standen sie zu dritt übereinander wie Akrobaten im Zirkus, nur daß Gwenny, um das Gleichgewicht zu bewahren, sich an seinem Kopf anklammerte, während der Fremde ihre Beine fest auf seinen Schultern hielt. Gwenny war jetzt zwei Köpfe höher als die Barriere und konnte über sie hinweg auf das verwirrende Kaleidoskop von Farbe und Bewegung auf der anderen Seite blicken.

Von unten ertönten Applaus und Bravo-Rufe: «Gut gemacht! So ist's recht! Wie steht's damit, Bobby?»

Der Polizist stand mit alberner Miene da. Er konnte sich nicht erinnern, daß die Vorschriften etwas darüber sagten. Er wünschte es auch gar nicht. Er war erleichtert, weil er nichts damit zu tun hatte.

Gwenny blickte mit weit offenen Augen auf das ungeheure Menschenmeer mit seiner Gischt von winkenden Taschentüchern, Fahnen und Wimpeln. Ihr kleiner Mund war geöffnet, und ihre blassen Wangen hatten Farbe gewonnen. Einmal hob sie unsicher die Hand und winkte.

Die anderen unter ihr, einschließlich Großmutter Bonner, schrien und jubelten und winkten ganz so, als ob sie die Königin wirklich vorbeifahren sehen und von ihr gesehen werden konnten. Violet Clagg weinte wieder, teils vor Erregung, teils vor Enttäuschung. Bis jetzt hatte sie es nicht glauben wollen, daß an diesem Tag alles so furchtbar und hoffnungslos schief gehen würde.

Clagg hatte sich gestählt, um das Gewicht zweier Personen auf seinen Schultern tragen zu können, aber sein Herz war ganz weich vor Dankbarkeit. So war das von ihm erflehte Wunder wenigstens teilweise zustande gekommen. Er hatte davon geträumt, daß er der Königin huldigen würde, aber ihm war alles mißlungen. Wie ein großer Esel hatte er sich hinter einer Holzwand einsperren lassen. Aber ein Versprechen hatte er gehalten: seiner Tochter war nicht länger die Sicht genommen.

Von ihrem Aussichtspunkt blickte Gwenny einen Moment lang auf Mutter, Großmutter und Bruder nieder. Ihre Augen waren riesengroß und voll Staunen. Die Spuren ihrer Tränen waren noch immer auf ihren Wangen sichtbar, aber sie weinte nicht mehr. Von unten rief einer zu ihr hinauf: «Wie sieht sie aus?»

Das Kind sagte: «Ich hab sie gesehn.»

Eine andere Stimme sagte: «Das ist aber nett. Erzähl uns mehr über sie!» Und irgendwer lachte.

«Sie hat mir zugewinkt», verkündete Gwenny. Sie drehte sich wieder nach vorn, um das Schauspiel zu beobachten, und begann plötzlich wild zu winken, obgleich niemand wußte, wem sie zuwinkte. Die Hochrufe verzogen sich bereits nach Norden längs der Straße, die durch den Hyde Park führt.

«Heda!» rief der Fragesteller unten. «Was ist jetzt los?»

Gwennys Augen waren vor Aufregung jetzt noch größer geworden. Sie rief den Untenstehenden zu: «Da war noch wer, der mir zugewinkt hat, aber sie war dick und ganz schwarz wie mein Topsy.» Jemand erwähnte den Namen der Königin Salote, und es gab noch mehr Gelächter.

In der Erregung des Augenblicks hatten alle Johnny Clagg vergessen, einen kleinen, unansehnlichen Jungen in einem zu langen blauen Regenmantel (die Großmutter hatte gesagt, er solle groß genug gekauft werden, damit er hineinwachsen könne), den der Regen dunkel gefärbt hatte, die durchnäßte Schulmütze auf den Hinterkopf zurückgeschoben. So stand er da, von kleiner Gestalt, zwei Augen, zwei Ohren, eine Nase und ein Mund über einem nassen, farbigen Schal und mußte zusehen, wie seine jüngere Schwester, vom Glück begünstigt, auf einen Aussichtspunkt gehoben wurde, von dem aus sie die Königin und alle anderen Vorgänge betrachten konnte.

Aber er hatte kaum bemerkt, daß Gwenny zum oberen Rand der Schranke gehoben wurde, denn als der Sturm der Hochrufe und das Poltern der goldenen Kutsche das Herannahen der Königin ankündigte, war der Astralleib Johnny Claggs aus seiner Hülle und von der Seite seiner Großmutter und Mutter entwichen. Er war durch die Schranke geschwebt, hatte seine Kleidung gewechselt und ritt jetzt in Küraß und Helm mit Kinnband, einen schimmernden Säbel geschultert, auf einem pechschwarzen Hengst als Hauptmann Clagg von Ihrer Majestät Leibgarde an der Spitze der Truppen, die zum Schutz der Königin die goldene Kutsche begleiteten.

Mit Falkenaugen, alle Sinne – einschließlich des sechsten – dem

Anlaß und seiner Verantwortung entsprechend geschärft, war Hauptmann Clagg für jeden Zwischenfall bereit.

Ha! Was war das? Eine plötzliche Unruhe! In der vordersten Reihe der Menge am Straßenrand eine Bewegung! Ein Arm und eine Hand, die einen in der eben durch die Wolken gebrochenen Sonne glitzernden Gegenstand hielt, und darüber ein Gesicht mit zerrauftem Haar, mit wild rollenden Augen und mit von einem gräßlichen Grinsen entblößten Zähnen.

Ein Wahnsinniger! Ein Attentäter! Die Pistole war direkt auf das vorbeifahrende königliche Paar gerichtet. In einer blitzschnellen Bewegung stürzte sich der tapfere, wachsame Hauptmann Clagg von seinem Roß. Ein tolles Aufheulen des irren Mörders, ein Aufblitzen, eine Detonation! Langsam sank Hauptmann Clagg auf dem Gehsteig zusammen. Die für die Königin bestimmte Kugel hatte seine Brust durchbohrt. Der Wahnsinnige rang mit den Polizisten, aber die Gefahr war vorüber. Die Königin war gerettet!

Aber Hauptmann Clagg wußte, daß seine Wunde tödlich war. Schon hatten gütige Hände ihn zu einer sitzenden Stellung aufgerichtet. Ein Arzt, der mit seiner schwarzen Instrumententasche an seiner Seite kniete, schüttelte den Kopf und sagte: «Wehe! Wir können ihm nicht mehr helfen!»

Die Menge ringsum geriet plötzlich in Bewegung und teilte sich, und Hauptmann Clagg hörte den Ruf: «Platz! Platz für Ihre Majestät die Königin!»

Die Königin in ihrem silbernen Gewand, die diamantengeschmückte goldene Krone auf dem Haupt und das goldene Zepter in der Hand, kniete im nächsten Augenblick an seiner Seite nieder und bettete seinen Kopf an ihrer Brust, ohne zu beachten, daß sein Lebensblut aus seiner Wunde strömte.

Er hörte ihre leise, süße Stimme, vor unterdrückter Erregung bebend, die Frage stellen: «Wie lauten der Name und der Rang dieses Tapferen, der sein Leben für das meine geopfert hat?»

Im nächsten Moment beugte sich auch der Herzog von Edinburg über ihn und sagte: «Tapferer Hauptmann, edler Krieger! Sie haben meine Gemahlin gerettet, Sie haben die Königin gerettet, Sie haben die Nation gerettet!»

Hauptmann Clagg blickte in die wunderbaren Augen seiner Monarchin, aus denen eine Träne auf seine Wange fiel. Die Träne einer

Königin, kostbarer als jeder Diamant in ihrer Krone! «Ich sterbe glücklich, Majestät!» hauchte Hauptmann Clagg.

Ein Herold in steifem Waffenrock, scharlachrot und golden leuchtend, bahnte sich einen Weg durch die Menge, nahm eine stramme Haltung an und meldete: «Majestät! Eurem Befehl entsprechend habe ich dieses feststellen können: der mutige Mann, der hier sein Leben aushaucht, ist kein anderer als Hauptmann John Clagg, ein ehemaliger Schüler der Elementarschule in Little Pudney bei Sheffield. Seine stolzen Eltern sind William und Violet Clagg. Mr. Clagg arbeitet auf verantwortlichem Posten am Schmelzofen Nr. 2 der Pudney-Stahlwerke. Er hat auch eine Großmutter, Mrs. Bonner, die immer voraussagte, daß es mit ihm kein gutes Ende nehmen würde. Wie sie ihre Worte bereuen wird, wenn sie von seinem edlen Opfer hört! Denn ohne sein scharfes Auge und ohne seine Geistesgegenwart wäre Majestät –»

Der Herold konnte nicht fortfahren, denn bei dem Gedanken an die furchtbare Tragödie, die eben verhütet worden war, übermannte ihn die Erregung.

Jetzt erhob sich die Königin und nahm von ihrer Brust das blaue Band und den Diamantenstern des Hosenbandordens und legte sie auf Hauptmann Claggs Körper. Dann berührte sie seine Schultern mit ihrem goldenen Zepter und sprach die hallenden Worte: «Nein, wahrhaftig nein! Nicht mehr einfach Hauptmann Clagg! So stirb denn, wenn es sein muß, tapferer Soldat, für Elisabeth die Zweite und für dein Land, aber stirb als Hauptmann Lord Clagg, Erster Baron Pudney!»

Irgend jemand in der Menge beantragte daraufhin drei Hochrufe für seine Lordschaft, und sie ertönten aus willigen Kehlen. Die Königin beugte sich nieder und küßte zärtlich seine Stirn, während ihr königlicher Gemahl ihm die Hand drückte. Hauptmann Clagg fühlte, daß ihm vor Freude die Sinne schwanden.

In diesem Augenblick wurde sich Johnny bewußt, daß ihn seine Mutter an der Hand zerrte. Damit waren seine Zweifel gelöst, ob er nun voller Anstand sterben – wie es offenbar alle von ihm erwarteten – und einen Grabstein mit der schönen Inschrift «Retter der Königin» erhalten solle oder ob er wunderbarerweise genesen und als Baron Pudney, Favorit der Königin, weiterleben solle.

«Du mußt ‹Hoch!› rufen, Johnny!» mahnte ihn seine Mutter. «Die Königin kommt vorbei! Gott segne und bewahre unsere huldvolle Königin!»

Der süße Wachtraum entwich. Immer unterbrachen die Erwachsenen seine Phantasien. Lord Clagg von Pudney wurde beiseite gelegt; seine Abenteuer würden fortgesetzt werden, wenn er abends allein in seinem Bett lag. Johnny schrie pflichtgetreu: «Gott schütze die Königin! Es lebe die Königin!» Er stand wieder hinter der Barriere, ein nasser, hungriger, müder, enttäuschter Johnny Clagg, der wegen nichts und wieder nichts von Sheffield hierher gekommen war. Er erinnerte sich auch, daß es diesmal keinen Sommerurlaub geben würde, kein Garnelenfischen, kein Bauen von Sandburgen auf dem Strand, keine Forschungsexpeditionen zu den Fluttümpeln auf den Felsen, keine Ringelspiele, überhaupt nichts. Er wandte das Gesicht ab, so daß die andern es nicht sehen konnten, und begann leise zu weinen.

Der Hufschlag der großen Percheron-Pferde und das Poltern der königlichen Kutsche waren nicht mehr zu hören. An ihre Stelle war Pferdegetrampel und das herbe Rädergeräusch der leichteren Equipagen getreten. Auch die Woge der Hochrufe war zurückgewichen; sie hatte sich längs der Allee des East Carriage Drive weiterbewegt, und man konnte ihr Getöse in der Ferne vernehmen.

Gwendoline drehte sich um und sagte: «Ich möchte wieder hinunter.» Hilfsbereite Hände streckten sich ihr entgegen. Sie glitt längs dem Fremden und dem Vater nieder, bis ihre Füße den Boden berührten. Dann lief sie zu ihrer Mutter, umschlang sie mit den Armen und vergrub ihr Gesicht in ihrem Rock.

Der Mann auf Claggs Schultern machte noch keine Miene herunterzusteigen. Statt dessen rief er Johnny Clagg zu: «Heda, junger Mann, wie wär's, wenn du dich mal umsehn würdest?»

Johnny schüttelte den Kopf und hielt sein Gesicht abgewandt. Er betrachtete es als unter seiner Würde, auf einen Fremden hinaufzuklettern, um auf seinen Schultern zu sitzen. Das paßte für ein so kleines Mädchen wie Gwenny, aber nicht für ihn, und besonders nicht – da er sich noch eines kleinen Restes seines schönen Wachtraums bewußt war – für Lord Clagg, Erster Baron Pudney. Außerdem war es zu spät. Alle Soldaten mußten ja schon vorbeimarschiert sein. Johnny schüttelte mit abgewandtem Gesicht abermals den Kopf. Der Mann legte die Hände auf Will Claggs Schultern und sprang behende zu Boden.

«Vielen Dank!» sagte Will Clagg und streckte ihm die Hand entgegen. Seine Beine waren durch die Last so ermüdet, daß sie fast zusammenknickten, aber er war von einem solchen Tumult der Gefühle und Dankbarkeit erfüllt, daß er keine Worte mehr fand. Er empfand einen unvorstellbaren Impuls, den Fremden, der mit seiner herungezogenen Mütze und seinem struppigen Schnurrbart so unansehnlich aussah, in die Arme zu schließen und ihn «Bruder» zu nennen. Aber er konnte nur wiederholen: «Vielen Dank!» und dann fügte er hinzu: «Wenn Sie einmal in die Gegend von Little Pudney kommen sollten, bei Sheffield –»

«Geht in Ordnung», erwiderte der Fremde. «Ich wollte nicht, daß Sie Unannehmlichkeiten haben, da ich merkte, daß Sie aus dem Norden sind.» Er wies mit einer Kopfbewegung auf den Polizisten: «Der Polizei-Tölpel da ist kein Londoner. Es war mir ein Vergnügen.»

Auf der anderen Seite der Barriere kam die Menge in Bewegung. Die Ausgesperrten horchten auf in der erneuten Hoffnung, daß ihnen im letzten Augenblick vielleicht doch eine Chance gegeben würde, wenigstens das Ende des Schauspiels zu sehen. Ein ganzer Torflügel wurde von innen gerade so weit geöffnet, daß ein Reiter passieren konnte.

Es war der großartigste, herrlichste, eindrucksvollste Reiter, den Johnny Clagg je gesehen hatte. Er war in eine marineblaue Uniform mit schwarzen Knöpfen und Borten gekleidet, mit schwarzen Streifen auf den Ärmeln. Reihen von Medaillen und farbigen Ordensbändern schimmerten auf seiner Brust, und auf seinen Schultern waren goldene Epauletten. Sein Gesicht, streng, zerfurcht, adlerhaft, erinnerte Johnny an Bilder, die den Herzog von Wellington bei Waterloo zeigen. Sein Haar war silbergrau, und auf seinem Kopf saß ein schwarzer Dreispitz, von dem eine Kaskade schöner weißer Hahnenfedern niederfiel. Er saß auf einer prächtigen weißen Stute mit rosa Nüstern und aufmerksamen Augen. Sein dunkler Uniformmantel hing über die Flanken des Pferdes nieder. Seine schwarzen Stiefel trugen goldene Sporen.

Johnny sah ihn zuerst durch seine Tränen hindurch als eine Vision und dann, als er sich hastig die Augen gewischt hatte, mit größerer Klarheit als eine strahlende Erscheinung in einer Uniform, die er nicht erkannte, obwohl er sich rühmte, jedes Regiment im Vereinigten Königreich auf den ersten Blick identifizieren zu können. Aber dieser Reiter war kein Ulan und kein Husar, es war kein Dragoner und kein Mitglied der berittenen Leibgarde. In seiner Person und seiner Haltung verkörperte er jedoch alles, was Johnny an diesem Tage zu sehen gehofft hatte. Die Uniform, die Johnny nicht kennen konnte, wies ihn als Polizeipräsidenten aus.

Ohne sich recht bewußt zu sein, was er tat, trat Will Clagg vor und legte seine Hand auf den Zaum des Pferdes. Er hörte sich selbst rufen: «Wie steht es also? Laßt ihr uns durch oder nicht?» Er hatte alle Selbstbeherrschung verloren, die uralte Feindschaft, die zwischen dem aufwärtsblickenden Fußgänger und dem niederblickenden Reiter besteht, war in ihm erwacht. Für den Sohn mochte der Mann auf dem Pferde allen Glanz und alle Pracht, alle Macht und Befehlsgewalt symbolisieren. Für den Vater verkörperte sie nur die Arroganz des Privilegs, das Vorrecht des Feudalherrn gegenüber dem Bauern. Sein Zornesausbruch hatte rein atavistische Ursachen.

Der Wachposten an der kleinen Pforte stürzte mit dem entsetzten Ruf: «Was fällt Ihnen ein?» auf Will zu. Aber der Polizeipräsident hinderte ihn mit einer Handbewegung daran, den Mann zu fassen, der den Zaum seines Pferdes hielt. Von seinem Sitz hoch oben auf dem Schimmel blickte er auf die Gruppe ängstlicher, zorniger, verweinter Gesichter nieder und erriet sofort, daß hier das vorlag, was man gemeinhin «eine kritische Situation» nannte.

«Was ist los, Wachtmeister?» fragte er. Die ruhige Höflichkeit seiner Stimme brachte Clagg zur Vernunft; er ließ den Zaum los und trat zurück.

«Sie haben mich den ganzen Tag gequält, ich solle sie durchlassen, Sir», sagte der Polizist. «Ich habe nur versucht, meine Pflicht zu tun, Sir.»

Er war jung, er war nervös, er war vom Lande, er hatte noch nie in seinem Leben einen so hohen Polizeioffizier gesehen. Er stellte sich bereits vor, daß seine Karriere jäh ruiniert und zu Ende war. Für einen Mann in der Polizei, der nicht richtig handelte, konnte ein solcher Zwischenfall katastrophale Folgen haben.

«Den ganzen Tag gequält!» protestierte Will Clagg. «Und alle die andern, die hier seit dem Morgen im Regen stehen? Und die Kinder hier, die hergekommen sind, um die Königin und die Soldaten zu sehen? Und wie steht's mit den elenden Kartenfälschern, denen ihr Polizisten nicht das Handwerk gelegt habt? Fünfzig Pfund von meinem schwer verdienten Geld habe ich für ein Loch in der Erde bezahlt – und dieses Bürschchen da redet von Pflichterfüllung!»

Der Polizeipräsident war ein Mann mit scharfen Sinnen, der aus wenigen Fakten und Andeutungen instinktiv ein Geschehnis rekonstruieren konnte. Er war genügend über die für diesen Tag ausgegebenen gefälschten Karten informiert, um erraten zu können, daß dieser Mann vermutlich einem solchen Betrug zum Opfer gefallen war. Er sah auch, wie sich in dem Gesicht des jungen Polizisten Angst und Schrecken spiegelten. Im stillen fällte er bereits ein Urteil über ihn: Armer Kerl. Wird es bei uns nicht weit bringen. Nicht elastisch genug. Und wie er so auf Clagg und seine nur allzu typischen Familienangehörigen niederblickte – auf die Frau mit den besorgten Augen, die unvermeidliche Großmutter und die Kinder –, da wünschte er, daß der Polizist den Mut, die Menschlichkeit und eine genügend rebellische Natur gehabt hätte, um seine Pflicht nicht allzu genau zu nehmen und diese Leute passieren zu lassen. Was er jedoch sagte, war: «Sie haben recht gehabt, Wachtmeister. Weisungen sind dazu da, befolgt zu werden.» Aber zu sich sagte er: Man muß sich für diese dickschädeligen, gewissenhaften Polizisten einsetzen, wenn sie ihre Pflicht dem Buchstaben getreu erfüllen, sonst bricht die ganze Welt zusammen. Laut sagte er zu dem stämmigen Mann, der nahe den rosa Nüstern seines Pferdes stand und der – so sehr schien er selbst aus Stahl gebaut – wie ein Eisengießer oder Walzarbeiter aussah: «Es tut mir leid, der Beamte hat sich nur an seine Weisungen gehalten. Wenn er sie ignoriert hätte, dann hätte er eine Zurechtweisung riskiert.»

Der Polizist war keineswegs so dumm, daß er nicht das Wort «riskiert» wahrgenommen hätte, und er blickte dem Polizeipräsidenten schnell ins Gesicht, um herauszufinden, ob es als eine Verurteilung oder Zurechtweisung gemeint war. Aber er konnte aus dem ernsten Ausdruck des Offiziers nichts herauslesen und tröstete sich mit der Tatsache, daß sein Vorgehen als richtig befunden worden war. Schließlich hatte er nur getan, was man ihm befohlen hatte.

Damit war der Vorfall also abgeschlossen, ein kleiner Zwischenfall unter mehr als hundert ähnlichen, die den Offizier vom frühen Morgen an beschäftigt hatten. Und da die Angelegenheit erledigt war, dachte der Polizeipräsident auch gar nicht weiter daran, als sein Blick plötzlich dem des kleinen Jungen begegnete, der zu der Familie gehörte. Er sah ein blasses, von Tränen gezeichnetes Gesicht unter einer nassen Schulmütze, aus dem ihn zwei dunkle, leuchtende, von Anbetung erfüllte Augen anstarrten.

Es geschah alles so schnell, daß er, als es vorbei war und er sein Pferd in den Park lenkte, sich nicht mehr erinnern konnte, was ihm an diesen Augen aufgefallen war. Er wußte nur, daß er tief gerührt war. Er konnte seine Gedanken nicht von dem Kind loslösen und tat etwas, was zu tun er überhaupt nicht beabsichtigt hatte. Er griff in eine seiner tiefen Manteltaschen und holte ein schimmerndes Regimentsabzeichen hervor: eine Krone und darauf, ineinander verschlungen, die Buchstaben RW und ein Löwe und ein stehendes Einhorn zu beiden Seiten und das lateinische Regimentsmotto, das Wort FIDELIS.

Es dürfte während der Prozession von der Mütze eines Offiziers gefallen sein, und die Füße der Marschierenden müssen es wohl in Piccadilly in die Gosse geschleudert haben. Das Aufblitzen des Metalls in der launischen Sonne, die nach dem Ende des Regengusses für einen Moment durchgebrochen war, hatte seine Aufmerksamkeit erweckt. Er hatte sein Pferd kurz angehalten, um es zu betrachten. Ein flinker Polizist, der dies bemerkt hatte, war sofort herangekommen, hatte das Ding aufgehoben und es ihm gereicht. Es war das Abzeichen des berühmten Königlichen Wessex-Regiments. Einige der Offiziere dieses Regiments gehörten demselben Klub an wie der Polizeipräsident. Er hatte es mit einem Lächeln in seine Tasche gleiten lassen und sich vorgenommen, das Abzeichen in der Klub-Bar einem von ihnen überreichen; ein albernes, harmloses Spiel seiner Phantasie, das ihn amüsierte.

Statt dessen holte er es nun aus der Tasche, beugte sich von seinem Pferde nieder und sagte zu dem unbekannten Kleinen: «Da, mein Junge, nimm das!» Und dann fügte er hinzu: «Es ist das Abzeichen des Königlichen Wessex-Regiments.»

Im Weiterreiten erinnerte er sich noch an etwas anderes, und das war der Ausdruck in den jetzt nicht mehr verstörten Augen des Knaben, als er das kleine Ding in der Hand hielt. In diesen Augen konnte er unendliche Dankbarkeit lesen und das ehrfurchtvolle Staunen, das einen Menschen durchbebt, der ein Wunder erlebt hat.

Du lieber Himmel, warum habe ich das getan? überlegte der Polizeipräsident, und da er keine Antwort finden konnte, wandte er seine Aufmerksamkeit anderen Dingen zu.

«Was für ein netter Mann!» sagte Violet Clagg. «Was hat er dir denn gegeben, Johnny?»

«Nichts!» sagte Johnny Clagg und stopfte es tief in seine Hosentasche. Seine Hand hielt es so krampfhaft, daß das Metall ihm in die Haut einschnitt. Er hatte «Nichts!» gesagt, weil es alles war – ein Talisman oder Symbol all dessen, was er je erstrebt oder geschätzt oder sich gewünscht hatte oder einmal zu werden hoffte. Er behandelte es bereits mit einem so leidenschaftlich-eifersüchtigen Besitzerstolz, daß es ihn kalt überlief bei dem ängstlichen Gedanken, man würde versuchen, es ihm wegzunehmen, oder die Großmutter könnte einen Vorwand finden, sich einzumischen.

Sie sagte tatsächlich: «Mehr Zeug, wetten wir!», aber sie wurde durch den jungen Polizisten abgelenkt. Dankbar dafür, daß er mit heiler Haut, wenn auch nicht sehr glanzvoll davongekommen war, und in dem Bewußtsein, daß der Offizier einem Mitglied der Gruppe aus einem ihm unverständlichen Grund eine Gefälligkeit erwiesen hatte, verkündete er jetzt: «Das war der Polizeipräsident.» Und dann fügte er mit einem Blick auf die Uhr hinzu: «Die Prozession wird bald zu Ende sein. Sie werden dann passieren können.»

Wiederum marschierte eine Kapelle schmetternd auf der andern Seite vorbei. Johnny Clagg, der sein Abzeichen krampfhaft festhielt, interessierte sich nicht mehr für die Prozession, denn er war durch den Besitz dieses Gegenstandes selbst zu einem Teil des Ereignisses geworden.

«Untertänigsten Dank!» sagte Will Clagg bitter. «Was uns das schon nützen wird!»

Schließlich merkten sie, daß es keine Musik mehr gab und daß der Vorbeimarsch zu Ende war. Ein Polizei-Sergeant steckte den Kopf durch die Tür und sagte dem Polizisten etwas, das diesen aufweckte und seine Gedanken aus dem Geleise riß, auf dem sie sich bisher bewegt hatten. Bisher hatte er nur daran gedacht, daß er niemanden durchlassen dürfe. Jetzt aber hatte er eine Ankündigung zu machen: «Bitte zurücktreten. Alle bitte zurücktreten! Die Tore werden jetzt geöffnet. Bitte Platz machen!»

Dann gab es ein Stöhnen und Ächzen von Holz, und die ganze Barriere teilte sich in der Mitte und tat sich weit auf. Durch die Öffnung ergoß sich ein reißender Menschenstrom, der alle, die zurückgeblieben waren, zu verschlingen und mitzutragen drohte. Die Parade war vorbei, der Spaß war zu Ende, und die ungeheure Menge, die das Schauspiel genossen hatte, war jetzt von einem machtvollen Kollektivwunsch beseelt, nämlich wegzukommen, nach Hause zu gehen, sich aufzuwärmen, zu essen, zu trinken, auf die Toilette zu gehen – und ihr Ansturm glich der panikartigen Flucht einer Viehherde.

Die Familie Clagg bildete ein kleines Eiland in dieser Flut. Will stemmte sich mit seinem stämmigen, kräftigen Körper dem Anprall entgegen, der sich an ihm brach und teilte. Einige andere Gruppen, die ebenfalls dort gestanden hatten, versuchten in der entgegengesetzten Richtung vorzudrängen. Sie hatten den ganzen Tag an einer Stelle verbracht und den Wunsch gehabt, in einer bestimmten Richtung zu gehen; eine hölzerne Wand hatte sie aufgehalten und die Angst vor dem Gesetz sie daran gehindert. Jetzt, da beide Schranken beseitigt waren, wollte sie unter allen Umständen in der angestrebten Richtung vorstoßen. Einige hofften, den Palast zu erreichen, stießen aber auf einen festen Menschenwall, der, mehrere Meter tief, ihnen den Weg versperrte. So drängten sie einfach gegen jene, die wegzugehen suchten.

Die Schultern, die seine eigenen anrempelten, und die verärgerten Gesichter der Leute, denen er immer trotzigeren Widerstand entgegensetzte, bereiteten Will Clagg die erste Befriedigung, die ihm an diesem Tage zuteil geworden war. Es war unmöglich gewesen, die Barriere zu sprengen und zu demolieren. Es war nicht besonders klug gewesen, einen oder zwei Polizisten niederschlagen zu wollen. Aber er konnte sich diesen Menschen entgegenstellen, die ihn jetzt, nachdem sie sich an dem Schauspiel vergnügt hatten, ohne zu denken und ohne zu sehen, niederzurennen versuchten. Er konnte sie anrempeln und stoßen und die Anwesenheit von Will Clagg aus Little Pudney fühlen lassen. Ohne sich dessen bewußt zu sein, war er, wie es sich auch gehörte, im Begriff, einen Teil seiner verlorenen männlichen Würde wiederzugewinnen.

Clagg bemerkte bald, daß es niemanden mehr gab, den er stoßen, anrempeln oder aus dem Weg drängen konnte. Sich dem Palast zu nähern, war hoffnungslos, da die Menschenflut die Zufahrtstraße überschwemmte und beinahe an den Eingang zum Park brandete. Sie gingen auf der Route, die die Prozession passiert hatte, und näherten sich Piccadilly.

Aus der Richtung vom Constitution Hill klang ein gewaltiges Getöse herüber und Clagg erriet, daß die Königin eben den Mall hinauffuhr. Aus der Ferne drangen, vom Winde hergeweht, Fetzen von Militärmusik zu ihnen. Irgendwo ging das Schauspiel weiter, Fahnen und Wimpel flatterten, Truppen marschierten vorbei, Wein wurde getrunken. Aber wo sich jetzt die Familie Clagg inmitten der sich rasch zerstreuenden Reste der Menge befand, gab es nur das Kielwasser und den Bodensatz vergangener Glorie.

Zu ihren Füßen lagen zertrampelter Pferdemist und der Unrat, den die Masse Mensch zurückgelassen hatte: Butterbrotpapier, weggeworfene Andenken, Rosetten, zerdrückte Zelluloidpuppen, Bruchstücke von allzu stürmisch geschwenkten Fahnenstöcken, Taschentücher, Zigaretten- und Zigarrenstummel. Johnny interessierte sich eine kurze Weile für die Fahrspuren der Panzer, die wie Fußstapfen prähistorischer Ungeheuer auf die Straße gezeichnet waren. Hier waren sie vorbeigefahren.

Der nasse Fahnenstoff klebte an den Holztribünen. Die Fenster an der Nordseite der Straße, zuvor mit feiernden Zuschauergruppen gefüllt, waren jetzt leer, und die nackten Planken, auf denen sie gesessen hatten, sahen wie Knochen aus. Niemand hatte sich die Mühe genommen, die Papierfetzen, die sie zurückgelassen hatten, zu beseitigen. Was für eine Aussicht man von hier genossen haben mußte! Autos und die ersten Autobusse, denen man wieder die Durchfahrt gestattet hatte, kamen nun, vollgestopft mit Menschen, brausend von Piccadilly heran. Äußerlich nahm die Stadt wieder ihr normales Leben auf. Aber in den Häusern und im ganzen Land sollten die Feiern bis tief in die Nacht hinein und bis zum nächsten Morgen andauern.

Mitten auf der Straße kam Claggs Offensive zum Stillstand. Das Feuer in ihm war erloschen, und er hatte abermals kein Ziel. «Wie wäre es, wenn wir uns die Straßendekorationen ansehen würden?» fragte er.

«Ich habe bis zu meinem Lebensende genug von allen Dekorationen», schnauzte ihn die Großmutter an.

«Ich habe Hunger», sagte Johnny.

«Ich habe Durst», sagte Gwendoline.

«Ich bin müde», sagte Violet. «Sollten wir nicht versuchen, für die Kinder etwas zu essen zu bekommen?»

«Gut, dann gehen wir!» sagte Clagg, ganz zufrieden darüber, daß ihm die Entscheidung abgenommen worden war. «Wir wollen ein Wirtshaus oder eine Teestube suchen und etwas Warmes essen.» Er nahm Gwenny wieder auf den Arm und marschierte den Piccadilly hinunter, denn er kannte London gut genug, um zu wissen, daß es hinter Piccadilly Circus Cafés und Erfrischungslokale gab.

Sie hatten natürlich nicht mit der Tatsache gerechnet, daß etwa eine Million hungriger, ausgedörrter Mitbürger dieselbe Idee haben würde. Jedes Restaurant und jeder Ausschank war bis zu den Türen vollgestopft, und draußen standen lange Menschenschlangen. Nach langem

Warten vor einer Verkaufstheke gelang es ihnen, einer Tasse lauwarmen Tees und eines Stückchens Gebäck habhaft zu werden, was für ihren Magen und ihre Stimmung nicht viel bedeutete. Im Café erzählte jemand von dem Feuerwerk, das es abends auf dem Fluß geben würde; andere unterhielten sich über eine Festlichkeit im Rathaus von Wapping; irgendwo im East End sollte eine riesige Feier unter freiem Himmel stattfinden; im Norden, Osten, Süden und Westen von London bereitete sich Hoch und Niedrig auf eine festliche Nacht vor.

Will Clagg betrachtete seine müde Familie und wußte, daß sie alle nach Hause fahren müßten. Er war besiegt und entmutigt und hatte keinen andern Wunsch, als sich so schnell wie möglich in die Sicherheit seiner vier Wände zurückzuziehen, wo er die Türe schließen und die Außenwelt, die ihn betrogen hatte, aussperren und die schützende Vertrautheit seines Heims über seine geschundenen Schultern stülpen konnte. Den Fuß wieder auf die Türschwelle seines eigenen Heims setzen zu können, wurde für ihn zu einem unwiderstehlichen Zwang.

Ein Polizist sagte ihnen, welcher Autobus sie zum St. Pancras-Bahnhof bringen würde. Vier Autobusse fuhren davon, ehe die Schlange, in der sie warten mußten, so weit zusammengeschrumpft war, daß sie einsteigen konnten. Sie waren zu müde, um während der Fahrt auch nur einen Blick auf die Dekorationen, die Schaufenster oder die menschengefüllten Londoner Straßen zu werfen.

St. Pancras war ein einziges feuchtes, pulsierendes, düsteres Durcheinander, ein Leitfaden der Gerüche von durchnäßten Kleidern, Kohlenrauch, Würstchen, Bier, nassen Stiefeln und Tee. Man hörte ununterbrochen den Lärm keuchender Lokomotiven, von denen eine gelegentlich einen schmerzerfüllten Angstschrei ausstieß bei dem Gedanken, eine schwere Menschenfracht fortschleppen zu müssen.

Man hörte den metallenen Lärm der Kupplungen, das Klingeln von Glocken, die Pfeifen der Schaffner, das Poltern der Schiebekarren der Gepäckträger und – wie es den ganzen Tag der Fall gewesen war – die endlosen Schritte Tausender und aber Tausender jetzt müder Füße. Das Gewirr menschlicher Stimmen hob sich von dem heißen Zischen ausströmenden Dampfes ab. In der dunklen, glasgedeckten, von eisernen Pfählen durchzogenen Bahnhofshalle wurden alle Geräusche vervielfacht und mit einem hohlen Echo zurückgeworfen.

Menschenhaufen drängten und stießen, drehten sich im Kreise und strebten durch die Sperren zu den langen, rußigen Zügen, die sie zu ihren fernen Wohnstätten im Norden bringen sollten. Die Menschenströme stießen wie Kolonien verschiedener Ameisenarten aufeinander, bildeten Knäuel, ballten sich zusammen und entwirrten sich wieder, sobald die Leute den richtigen Weg gefunden hatten. Es gab viel Drängen und Stoßen, aber alle waren bester Laune. In dieser oder jener Weise war ein jeder von ihnen mit dem Wunder der Kontinuität in Berührung gekommen, das sich an diesem Tag in Westminster Abbey vollzogen hatte. England besaß wieder eine junge Königin. Ihre Existenz und ihre Krönung wiesen auf die gleiche Kontinuität all dieser Menschen hin und besiegelten sie. Auch sie waren, so wie die Königin, in langer, ununterbrochener Geschlechterfolge aus der dunklen, verschütteten Vergangenheit in die strahlende, erregende Gegenwart aufgestiegen.

Später am Abend wurde der Ansturm der heimkehrenden Massen auf die Verkehrsmittel heftiger, weniger gutartig und wilder; das Fassungsvermögen der Züge und Bahnsteige stand in gar keinem Verhältnis zu der Menschenzahl. Aber da es erst halb sieben Uhr war, gab es noch nicht so viele Heimkehrer. Vorläufig handelte es sich nur um jene, die, weil sie eine lange Fahrt vor sich hatten, früh aufgebrochen waren, oder um die Vernünftigen, die auf das Feuerwerk und die Illuminationen verzichteten, um bequemer heimfahren zu können. Nichtsdestoweniger war der Bahnhof gedrängt voll, wenn sich auch alles in heiterer Stimmung und durchaus erträglich abspielte. Und durch das Gedränge steuerte Will Clagg seine Familie zum Midland Express, Abfahrt 18.58 Uhr.

Wie alle andern bahnten sie sich durch Drängen und Stoßen einen Weg gegen das Drängen und Stoßen, das sie von allen Seiten umgab und vorwärts- und zurückschob, bis sie sich schließlich der Kolonie ihrer Bruder- und Schwesterameisen anschlossen – oder von ihr aufgesaugt wurden –, die alle in dieselbe Richtung strebten, und von da an bewegten sie sich ganz automatisch vorwärts. Durch die Sperre, den Bahnsteig entlang, in die leeren, wartenden Wagenabteile, und da fanden dank ihres Entschlusses, früh aufzubrechen, alle fünf Sitzplätze: Johnny und Gwendoline am Fenster, Will und Elsie und Violet neben ihnen. Mit einem tiefen Seufzer der Erleichterung sanken sie in die harte Polsterung der schmutzigen Sitze. Erst jetzt wurde ihnen klar, wie müde sie waren.

Der kleine Johnny saß auf der Bahnsteigseite des Abteils. Als er durch das Fenster die anscheinend endlosen Menschenströme sah, wurde der müde Ausdruck in seinen jungen Augen durch einen aufgeregten Glanz abgelöst, sooft er hier und da in der grauen Menge eine rote, grüne oder blaue Uniform erblickte. Seine rechte Hand steckte, seinen Talisman umklammernd, tief in der Hosentasche, und sein Zeigefinger betastete die Umrisse des wunderbaren Metallabzeichens, das jetzt von der Berührung mit seinem Körper ganz warm war. Er fühlte die Initialen darauf, das Wappen, den Löwen und das stehende Einhorn. Er hätte es gern hervorgezogen, um es zu betrachten, um sich mit eigenen Augen davon zu überzeugen, daß es tatsächlich existierte und für immer sein Eigentum war. Aber er fürchtete, daß, wenn er es jetzt herausholte, irgendein Mitglied seiner Familie verlangen würde, es zu sehen. Vielleicht würde man es ihm sogar wegnehmen. So mußte er warten, bis er allein war.

Gwendoline hatte die Hände im Schoß und träumte. Was immer auch der Inhalt ihres Traums sein mochte, er führte dazu, daß ihre Mundwinkel geheimnisvoll verzogen waren. Ihre Augen waren verschlafen, aber sie verrieten Verwunderung.

Großmutter Bonner war vor Alter und einer an Erschöpfung grenzenden Müdigkeit still zusammengesunken. Sie saß auf ihrem Platz, ohne den drei Fremden Beachtung zu schenken, die hereingekommen waren, um die restlichen der acht Plätze des Abteils zu besetzen. Haarsträhnen hingen ihr unordentlich über die Augen; ihre Brille war heruntergerutscht, die Farbe ihres Gesichts war aschgrau, und sie sah um zehn Jahre älter aus, als sie tatsächlich war.

Violet Claggs Züge spiegelten die Bitterkeit und Apathie wider, die sich ihrer in der Wärme des Abteils bemächtigt hatten. Sie hatte die Schuhe ausgezogen, und als sie nun so dasaß, war sie sich ihrer schmerzenden Füße ebenso bewußt wie der Stimmen der Mutlosigkeit und Verzagtheit, die ihr zuflüsterten: es ist immer dasselbe, es wird immer dasselbe sein. Nichts war so schön, wie man es versprach oder in den Inseraten behauptete. Nichtsdestoweniger fiel man immer wieder auf die Verprechungen herein und erlebte immer aufs neue die Enttäuschung zerstörter Illusionen.

Für Will Clagg war es nichts Neues, vom Morgen bis zur Abenddämmerung auf den Beinen zu sein; seine stählernen Muskeln schmerzten nicht, obwohl es wohltat, den gepolsterten Sitz unter sich zu spüren. Aber die Qual des Fiaskos nagte noch immer an ihm. Was immer er auch versuchte, er konnte seine Gedanken nicht von seinem abgrundtiefen Versagen an diesem Tage loslösen, dem Verlust seines Geldes, der Erschütterung seines Prestiges als Familienoberhaupt und vor allem dem Schmerz, den ihm die Enttäuschung seiner Kinder verursachte.

Er forschte im Geiste nach den kleinen, versöhnlichen Vorfällen, die sich ereignet hatten. Er dachte an das Abzeichen, das der hohe Offizier auf dem Schimmel sonderbarerweise Johnny gereicht hatte und das den Buben irgendwie dafür zu entschädigen schien, daß er den Anblick der Prozession nicht hatte genießen können. Und Gwenny hatte anscheinend etwas gesehen, das sie befriedigte – vielleicht war es tatsächlich die Königin gewesen. Aber was ihn selbst betraf, war ihm bloß die Erinnerung geblieben, daß er ein leichtgläubiger Narr gewesen war und als Ehemann, Vater und Schwiegersohn alle im Stich gelassen hatte. Er fühlte, daß seine Männlichkeit gelitten hatte, und er fragte sich besorgt, ob sich diese Tatsache im Walzwerk auf dem weiten, gestampften Erdboden zeigen würde. Er fragte sich, ob die Männer, die unter ihm arbeiteten, es bemerken würden.

Auf dem Weg von der Straße zum Zug hatte Clagg die Abendblätter kaufen können, und in dem Bemühen, seinen Selbstvorwürfen zu entgehen, blätterte er jetzt in den Zeitungen. Er wollte schwarz auf weiß sehen, was ihm von dem lebendigen Farbenreichtum dieses Tages entgangen war.

Er wandte eine Bildseite nach der anderen um: Grenadiere, Leibgardisten, berittete Garde, Dragoner, schottische, irische, waliser Regimenter. Es gab da indische Truppen mit Turban, Afrikaner mit Fez, Offiziere auf Pferden, Potentaten in Equipagen, die junge Königin im Augenblick ihrer Krönung, die Huldigung des Adels. Die Farbe des Zeitungsdrucks war die Farbe von Asche und glich dem schalen Geschmack, den der Tag in seinem Mund zurückgelassen hatte.

Clagg wandte sich dem Text zu, um andere Gedanken zu verscheuchen, und las den Bericht über die Ereignisse des Vormittags. Er las ihn unaufmerksam. Die Enttäuschung, die ihn quälte, ließ sich nicht unterdrücken.

Im nächsten Augenblick jedoch fesselte etwas seine Aufmerksamkeit. In einer Rubrik mit der Überschrift *Vermischte Krönungsnachrichten* fiel sein Blick auf folgende Meldung:

«Wie Detektivinspektor Magillevray von der Londoner Polizei mitteilt, konnte die Wachsamkeit der Polizeipatrouillen Diebstähle, Gaunereien und andere kleinere Vergehen auf ein Mindestmaß reduzieren. Nichtsdestoweniger florierten Taschendiebe in gewissen Stadtteilen, wo sich die größten Menschenmassen zusammenballten. Einige Depots wurden geplündert, und es gab viele gefälschte Karten für Westminster Abbey und für bestimmte günstige Plätze entlang der Prozessionsroute. Eine der widerlichsten Betrügereien, die der Polizei zur Kenntnis kamen, war der Verkauf von Billetts zu 25 Guineen für einen Fensterplatz mit Frühstück, Mittagessen und Champagner an einer Stelle in Wellington Crescent, wo sich, wie sich herausstellte, nichts anderes befindet als eine Häuserlücke, da das betreffende Gebäude durch eine Bombe zerstört worden ist. Unter den Personen, die Karten für dieses nicht existierende Haus gekauft hatten, waren Sir Nigel und Lady Alladryn aus Perth, Australien – Sir Nigel, der Präsident der West Australia Linseed Oil Company, war erst spät in London eingetroffen und hatte die gefälschten Karten in letzter Minute von einem Unbekannten in der Halle seines Hotels gekauft; Mr. und Mrs. Marshall Fess, die amerikanischen Millionäre aus Sioux Falls, Idaho, und William Clagg, Erster Vorarbeiter der Pudney Walzwerke, Great Pudney, Sheffield, und seine Familie. – Die mit dem Fall betrauten Polizeibeamten betrachten auf der Suche nach den Tätern die hervorragende Qualität der Gravüren und des Drucks der gefälschten Karten als wichtige Fingerzeige. ‹Jeder Mensch hätte durch sie getäuscht werden können›, erklärte Detektiv-Sergeant Hayes, der die Nachforschungen leitet. ‹Aber wir hoffen, binnen kurzer Zeit über den erfolgreichen Verlauf der Erhebungen berichten zu können.›»

«Violet! Großmutter!» Will Claggs Stimme war heiser vor Aufregung, «mein Name steht in der Zeitung! Seht mal her! Hier steht es! Wir sind nicht die einzigen, die beschwindelt worden sind! Einen Sir Sowieso hat es auch erwischt! Der Inspektor sagt, ein jeder hätte darauf hereinfallen können!»

Das erweckte sie aus ihrer Lethargie und ihrer Enttäuschung und dem Mitleid, das sie für sich selbst empfanden. Die beiden Frauen beugten sich vor, um den Bericht zu sehen, auf den Claggs Finger wies. Sie lasen staunend seinen Namen: «William Clagg» – der Reporter hatte es für richtig gehalten, seinen Rang zu erhöhen, damit er sich in der Gesellschaft von Adeligen und Millionären zeigen könne: «*Erster* Vorarbeiter der Pudney Walzwerke.»

Auch die Kinder drängten sich heran, um es zu sehen, und dann die anderen drei Passagiere im Abteil, ein Ehepaar und ein Handelsreisender.

Will Clagg empfand auf einmal ein seltsames und wildes Gefühl des Jubels und in seiner Brust eine süße Wärme. Der göttliche Blitz der Reklame hatte ihn unerwartet gestreift; dreiundfünfzig Jahre der Anonymität waren hinweggefegt. William Clagg, Erster Vorarbeiter der Pudney-Stahlwerke – hier stand es in schwarzen Druckbuchstaben auf dem weißen Papier des *Evening Standard*. Gewiß gab es die gleiche Nummer des *Evening Standard* in allen Abteilen des Zugs, Hunderte von Exemplaren, und zweimal so viele Augenpaare lasen wohl in diesem Augenblick den Bericht und erfuhren, daß er der Erste Vorarbeiter in einem der größten Stahlkonzerne Englands war.

Außerdem entdeckte er plötzlich, daß er ein Held war. Sein Name war durch den 25-Guineen-Schwindel nicht nur mit einem australischen Präsidenten und einem amerikanischen Millionär verknüpft worden, sondern die Annahme, daß er ein armer Narr gewesen war, wurde ein für allemal zurückgewiesen und getilgt durch die Aussage von keinem Geringeren als Detektiv-Sergeant Hayes, der mit dem Fall betraut war und die Erklärung abgegeben hatte, die gefälschten Karten hätten jeden Menschen täuschen können.

Clagg lehnte sich auf seinem Sitz zurück unter dem erstaunten Gemurmel seiner Familie und der Mitreisenden und gab sich dem warmen, wunderbaren Gefühl hin, das ihn durchdrang. Jetzt mußte die Geschichte ihrer Abenteuer erzählt werden, aber es war nicht mehr ein Bericht über Unheil und Katastrophen, sondern ein Drama, das den geziemenden Abschluß gefunden hatte: sein Name stand in den Zeitungen.

Vor seinem geistigen Auge sah er bereits, wie in seinem heimatlichen Wirtshaus ‹St. Georg und der Drache› die Nachricht von Mund zu Mund eilte, und zwar nicht nur einmal, sondern immer wieder. Die Geschichte mußte natürlich aufs neue erzählt werden, sooft ein Unbekannter im Wirtshaus erschien oder ein alter Freund sich einfand. Der Zeitungsausschnitt würde von den vielen Händen, die ihn weiterreichten, zerknittert werden und vergilben. Und wer weiß? – vielleicht wird die Polizei ihm die gefälschten Karten tatsächlich zurückschicken, wie man es ihm versprochen hatte; dann würde er sie zusammen mit dem Zeitungsausschnitt herumzeigen. Die Gäste würden den goldenen Druck betasten und der Erklärung des Detektiv-Sergeanten Hayes zustimmen, daß ein jeder dadurch getäuscht werden konnte, wie ja in der Tat die vornehmen Leute genauso getäuscht worden waren wie er selbst und weiß Gott wie viele andere, die nachher nicht das Glück hatten, in den Zeitungen namentlich erwähnt zu werden.

Die Erwachsenen in dem Abteil erlagen der Herrlichkeit dieser Enthüllung wie einem Zauber. So kam es, daß sie zusammenschraken, als plötzlich die Schiebetür aufgerissen wurde und ein uniformierter Speisewagenangestellter den Kopf hereinsteckte und fragte: «Wünscht jemand Karten für das Abendessen? Nur noch für das zweite Essen.»

Der nun nicht mehr anonyme Erste Vorarbeiter der Pudney Walzwerke hob seinen massiven Kopf von dem köstlichen Zeitungsblatt, auf dem seine Identität für alle, die es lesen mochten, offenbart war, und der Ton und das Gewicht seiner eigenen Stimme erstaunte ihn selbst, als er die Worte sprach: «Fünf für uns, bitte.»

Das riß die Großmutter aus ihrem Zustand der Erschöpfung und Zermürbung. «Will!» schrie sie, «hast du den Verstand verloren? Hast du nicht schon genug Geld zum Fenster hinausgeworfen? Wir können eine Tasse Tee und Kekse zu uns nehmen, wenn wir nach Hause kommen.»

Violet Clagg sagte: «O Will, meinst du, wir sollen das tun?» Und dann seufzte sie: «Ich hätte gegen einen Bissen nichts einzuwenden.»

«Und du sollst einen Bissen bekommen, Alte», sagte Will Clagg. Sein Wunsch, das Ereignis zu feiern, war unwiderstehlich. «Jawohl, fünf für das zweite Abendessen», wiederholte er. Der Mann vom Speisewagen reichte ihm die Karten.

Es dürfte eher ein Instinkt als eine wohlüberlegte Absicht gewesen sein, die Clagg veranlaßte, Johnny anzuweisen, sich an einen der für zwei Personen bestimmten Tische auf der anderen Seite des Ganges im Speisewagen zu setzen. Dem Vater entging nicht der ungläubige, von reinem Glück beseelte Blick, den sein Sohn ihm zuwarf. Es war ihm auch klar, daß er durch diese Geste für immer die Enttäuschung beseitigt hatte, die angesichts des Verlaufs der Ereignisse in dem Knaben verblieben war. Ein richtiges, ordentliches Mahl in einem Zug zu bekommen, der mit einer Geschwindigkeit von mehr als anderthalb Kilometern in der Minute durch die Landschaft brauste, während es noch hell genug war, um hinauszusehen – das allein war ein Genuß. Aber sich dessen an einem eigenen Tisch erfreuen zu dürfen, unbeaufsichtigt, unbeobachtet, unbeschränkt, so daß dem Flug seiner Phantasie keine Grenze gesetzt war – das war zu schön, um wahr zu sein!

Der Speisewagen bestand aus Tischen für vier Personen auf der einen Seite und kleineren Tischchen auf der gegenüberliegenden Seite des engen Ganges, durch den die Kellner hin und her eilten. Sie vollbrachten dabei mit ihren Tabletts voll Speisen und Getränken die unglaublichsten akrobatischen Kunststücke.

Welch ein Glück! Der Tisch für zwei Personen gegenüber jenem, an dem sich die Claggs – Mami und Vati, Gwenny und Oma – niedergelassen hatten, war besetzt. Aber etwas weiter hinten gab es noch einen leeren Zweiertisch, und hier setzte sich Johnny in Fahrtrichtung nieder, den Rücken der Familie zugekehrt und so in glücklichster Weise weder in ihrer direkten Blickrichtung noch in greifbarer Nähe.

Aber fast hätte dieser wunderbare Moment, dieser unerwartete Glücksfall ein jähes Ende gefunden. Natürlich mußte sich die Großmutter wieder wichtig machen! Johnny hatte sich kaum gesetzt und die Speisekarte in die Hand genommen, als über dem Ram-tata-tam und Klickety-klick der Räder ihre zänkische Stimme ertönte: «Darf der Junge dort ganz allein sitzen, Will?» Er hörte seine Mutter sagen: «Ich weiß wirklich nicht, Großmutter.» Die Antwort seines Vaters konnte er nicht verstehen, aber das Zetern der Großmutter ging weiter.

Er hatte gehofft, das Mahl als Major John Clagg vom Königlichen Wessex–Regiment, Träger des Militärkreuzes und Verdienstordens genießen und wunderbare Träume ersinnen zu können. Aber diese schillernde Seifenblase drohte zu platzen. Klickety-klack sangen die Räder. Die braun-uniformierten Hüften eines Kellners huschten mit einer Geschwindigkeit, die die des Zuges beinahe überstieg, an seinem Kopf vorbei. «Sollte ich mich nicht zu ihm setzen?» tönte die beharrliche Stimme der Großmutter herüber.

Der junge Johnny schloß die Augen und biß sich auf die Lippen. Er ballte die Hände zu heißen, schwitzenden Fäusten, die Fingernägel bohrten sich in die Handflächen – und er suchte durch einen ungeheuren Willensakt zu verhindern, daß es geschähe. O bitte, laß Oma nicht gegenüber sitzen! Ihr Mund rundete sich zu einem kleinen, mißbilligenden ‹O›, das Major Clagg für immer vernichtete und ihn zu jenem

Johnny Clagg zusammenschrumpfen ließ, der zu jung war, allein zu sitzen.

Da erschienen ein Schatten und der Knopf einer pfeffer-und-salzfarbenen Tweed-Jacke vor seinen Augen, und eine tiefe Stimme polterte: «Ist der Sitz belegt, junger Mann?»

«Nein, Sir! Bitte nehmen Sie nur Platz!» antwortete Johnny mit einem so ernsthaft beschwörenden und einladenden Tonfall, daß der Mann erstaunt auf ihn niedersah.

Der Besitzer der Stimme war außerordentlich groß, und sein völlig kahler Schädel war von einer ganz verwunderlich rosa Farbe. Sein Gesicht glich altem, vergilbtem Pergament, aber darin saßen, von Hunderten feinen, winzigen Runzeln umgeben, ungemein jugendliche und durchdringend hellblaue Augen. Seine schneeweißen Augenbrauen waren buschig und aggressiv, und sein Schnurrbart hatte die gelbliche Farbe noch nicht ganz verloren.

«Nun», sagte der Herr, «das ist sehr freundlich und liebenswürdig von dir, mein Junge. Danke!» Und damit setzte er sich mit der graziösen Behendigkeit eines Sportlers auf den Platz gegenüber.

Einen Moment lang empfand Johnny ein geradezu schwindelerregendes Gefühl der Erleichterung und glaubte fast, in Ohnmacht zu fallen. Obwohl er am Hinterkopf keine Augen hatte, wußte er haargenau, daß sich die Großmutter drüben auf der andern Seite des Ganges halb von ihrem Platz erhoben hatte, um herüberzukommen und ihre Drohung auszuführen. Dafür war es nun zu spät. Major Clagg war gerettet.

Es war eine unvergeßliche Mahlzeit. Schon die Speisekarte führte ihn in eine völlig andere Welt ein, eine Welt, in der man wählen konnte. Potage – was immer das Wort bedeuten mochte –, Grapefruit oder Tomatensaft verkündete die mit Suppenflecken gezierte Karte. Scholle, irgendeine Sauce, ein Wort aus einer Fremdsprache. Und dann konnte man sich in aller Muße überlegen, ob man Rindfleisch-und-Nieren-Pastete oder Schweinebraten mit Apfelkompott wählen sollte. Aber wie konnte man nur eine Wahl zwischen diesen Gerichten treffen? Käse mit Keksen oder eine Süßspeise! Eis oder Apfelkuchen!

Und jedesmal wurde der benutzte Teller blitzschnell entfernt und durch einen sauberen ersetzt. Saubere Messer und Gabeln. Kellner, die ihn nicht als ein Kind behandelten, sondern als einen Mann! Welch ein Abenteuer!

Obwohl er sehen konnte, wie die Kellner einen Tisch nach dem andern bedienten und die Tabletts mit den Speisen immer näher kamen, war er, als er sich für den Hauptgang entscheiden sollte, noch immer unschlüssig und unvorbereitet. Als der Kellner, der die Rindfleisch-und-Nieren-Pastete in der dunklen, mürben Teighülle servierte, an seinen Tisch kam, fühlte er, daß er nicht würde widerstehen können. Aber auf der andern Seite des Ganges wurden Scheiben weißen Schweinebratens mit brauner, knuspriger Schwarte serviert! Der Kellner stand vor ihm, Löffel und Gabel parat, aber Johnny konnte keine Worte finden und sah ihn hilflos an.

Der Kellner war selbst Familienvater und hatte für sein Problem Verständnis. «Du kannst dich nicht entscheiden, was?» fragte er. Johnny nickte bloß. «So nimm doch von jedem etwas!» Ehe Johnny noch antworten konnte, legte er ihm eine tüchtige Portion Rindfleisch, Teigkruste und Nieren auf den Teller, richtete sich auf, um seinem Kollegen etwas zuzuflüstern – und im nächsten Augenblick wurde ihm auch eine Scheibe knusprigen Schweinebratens und Apfelkompott serviert.

Hinter dem Rücken des Kellners konnte die Familie dieses wundersame Geschehen nicht beobachten. Es gab keine Großmutter, die «Nein!» sagen, keine Mutter, die ein mächtiges Getue machen konnte, keine Schwester, die man ruhig halten mußte. Und um die Ordnung der Dinge zu besiegeln, sagte der alte Herr gegenüber zu dem Kellner: «Hm, das sieht gut aus. Könnte ich dasselbe bekommen?»

Nach dem Hauptgang folgte eine Ruhepause, in der sich das verzehrte Mahl, von der schwankenden Bewegung des Zugs sanft hin und her geschüttelt, so richtig setzen konnte. Durch die von Kohlenstaub und Regen beschmutzten Fenster sah man, daß es dämmerte. In den Häusern flammten Lichter auf, Neonröhren leuchteten in den Städten, die sie durchbrausten, und die Scheinwerfer der Wagen auf den oft parallel mit der Bahnstrecke laufenden Straßen waren wie Bündel von Licht.

Seltsamerweise hatte sich Johnny trotz seiner neu errungenen, aber gewiß nur kurzlebigen Freiheit noch nicht in jenen glorreichen Träumen verloren, die das Abenteuer versprochen hatte. Vor allem hatte er noch keine Zeit gefunden. So viel war so schnell geschehen! Genau wie viele der anderen Gäste war auch er von dem Rhythmus des Balletts der Kellner gefesselt und beobachtete fasziniert, mit welcher Geschicklichkeit sie es beim Hin- und Hergleiten vermieden, jemanden zu berühren, und wie sie, wenn sie aneinander vorbeikamen, ein Zusammenstoßen, Aufeinanderprallen und damit eine Katastrophe verhüteten, das eine Tablett hoch oben, das andere unten, begleitet von der Musik der Räder auf den Geleisen und dem Kreischen und Heulen der Lokomotive.

Außerdem beschäftigte, um aufrichtig zu sein, noch etwas anderes Johnnys Gedanken. Es war das kostbare Abzeichen, das er in seiner Hosentasche fühlte. Er empfand einen unwiderstehlichen Drang, es wieder zu betrachten. Da er von seiner Familie getrennt saß, wollte er die günstige Gelegenheit wahrnehmen. Überdies wollte er damit dem alten Herrn mit den buschigen Augenbrauen imponieren.

So holte er es langsam aus der Tasche hervor und hielt es einen Augenblick lang auf dem Schoß. Wärme und Ausdünstung hatten seinen Glanz etwas getrübt, und er nahm seine Serviette und polierte es kräftig, bis es im Lampenlicht des Speisewagens wieder seinen alten Schimmer hatte. Dann legte er es neben seinen Teller auf das Tischtuch und betrachtete es, völlig hingerissen von seiner Schönheit und Bedeutung. Das Regimentsabzeichen, Sinnbild des Ranges, des Mutes und der Tapferkeit, verloren von der Kappe eines stolzen Offiziers, ihm eingehändigt von einem Halbgott auf einem Schimmel – einem Halbgott, dessen Augen einen Moment lang in tiefem Verständnis den seinen begegnet waren: dieses Abzeichen war sein eigen.

Der Alte mit den buschigen Augenbrauen starrte gleichfalls auf das glänzende Stück Metall, und durch den rosafarbenen Kahlkopf jagten tausend Erinnerungen. «Woher hast du das, Junge?» fragte er polternd.

Johnny hob den Blick von dem glitzernden Talisman und blickte in die durchdringenden, hellblauen Augen des alten Herrn.

«Ein Herr – ein Offizier gab es mir, Sir.»

«Hm», sagte der alte Herr, «das ist sehr merkwürdig. Ich kann mir nicht vorstellen, daß sich ein Offizier davon trennen kann. Irrst du dich nicht? Weißt du auch, was das ist?»

Johnny antwortete: «Ja, Sir. Es ist das Abzeichen des Königlichen Wessex-Regiments. Ich kenne alle Rangabzeichen.» Und dann dämmerte ihm, was im Kopf des alten Herrn vorging. «Oh, es war kein Offizier dieses Regiments, der es mir gab. Es war ein anderer, aber ich weiß nicht, was er war. Er saß auf einem Schimmel und hatte eine schwarze Uniform und eine weiße Feder auf einem Dreispitz.»

Er merkte, daß ihm der alte Herr aufmerksam zuhörte, und sah den Glanz in seinen jugendlichen blauen Augen. Da stürzten die Worte geradezu aus Johnnys Mund: die Expedition zur Krönung, die gefälschten Karten, ihre Versuche, wenigstens einen Teil der Prozession zu sehen, seine Liebe für Soldaten und sein Wunsch, selbst einer zu werden, die Vorgänge an der Barriere und der berittene Offizier mit dem Federbusch, der dem Polizisten bestätigte, daß er seine Pflicht getan hatte und der dann sonderbarerweise in die Tasche griff und ihm das Abzeichen schenkte.

Sein Reisegefährte hörte sich die Erzählung an und schien sich nicht im mindesten darüber zu wundern. Er nickte bloß zustimmend und sagte: «Das könnte Archie gewesen sein.» Denn er war ein phantasiebegabter Mann, der sich alles, was ihm erzählt wurde, bildhaft vorstellte. Im Geiste sah er seinen Freund, den Polizeipräsidenten: die Legionen waren vorbeigezogen, er bemerkte das glitzernde Ding auf der Straße und steckte es in die Tasche, um es später dem Regiment zurückzuerstatten.

Der alte Herr sah, daß ihn das Kind mit aufgerissenen Augen anstarrte, und so verbesserte er sich und erklärte seine eigenen Worte: «Ich meinte: Sir Archibald Green, ein Polizeipräsident. Hast du die Zahl der Streifen an seinem Ärmel bemerkt?»

«Vier», antwortete Johnny.

Der alte Herr nickte. «Gut beobachtet. Er reitet bei solchen Gelegenheiten immer durch die Straßen und steckt seine Nase in alles hinein. Deshalb wickelt sich wahrscheinlich alles so glatt ab.» Er nahm das Abzeichen auf und hielt es einen Augenblick lang auf der flachen Hand. Sein Gesicht belebte sich, und seine Augen schimmerten seltsam feucht in einem Aufruhr der Gefühle. Er war völlig unerwartet und unter außergewöhnlichen Umständen einem alten und geliebten Freund begegnet.

«Ich diente bei ihnen, als ich jung war», sagte er. Er seufzte: «Ich vermisse sie.»

Johnny Clagg blickte von dem Abzeichen, das in der braunen, geäderten Hand lag, auf zu den blauen Augen des großen Mannes. Er begriff: der Alte und ‹sie›, die das Abzeichen versinnbildlichte, hatten einander einmal viel bedeutet.

«Hat es viele Kämpfe gegeben?» fragte Johnny. «Ich möchte Offizier werden, wenn ich einmal erwachsen bin.»

Dann kam es zu einer Unterbrechung in Form von Großmutter Bonners zeternder Stimme: «Johnny, bist du das, der so viel redet? Sei still, du störst den Herrn beim Essen.»

Johnny errötete und wandte sich um, um dem durch stahlgeränderte Augengläser auf ihn gerichteten Blick standzuhalten. Auch der Mann mit den buschigen Augenbrauen sah hinüber zu dem Tisch, von dem die Mahnung gekommen war.

Will Clagg lehnte sich zurück und nahm rückwärts gewandt den Refrain auf: «Ich hoffe, er belästigt Sie nicht», sagte er. «Der Junge redet zu viel, wenn er in Schwung kommt.»

«Nein, nein, nein», erwiderte der Herr, «nicht im geringsten. Wir haben gemeinsame Interessen und führen ein höchst vergnügliches Gespräch.»

Zum zweitenmal an diesem Tag ging Johnny Clagg das Herz über. Er schien sich in einer neuen Welt aufzuhalten, in der wichtige Erwachsene sich um kleine Buben und ihre Sorgen kümmerten.

Zufriedengestellt wandte sich Will Clagg wieder seinem Essen zu. Die Verbindung war unterbrochen, Johnny fühlte sich wieder sicher und geborgen in der Gesellschaft seines neuen Freundes. «Kann ich einmal Offizier werden?» fragte er den großen Mann gegenüber, der noch immer das Abzeichen in der hohlen Hand hielt.

Dieser blickte auf den Knaben, der nur durch einige Zentimeter von ihm getrennt war – und gleichzeitig durch eine so weite Kluft, daß er früher einmal gesagt hätte, sie könne nicht überbrückt werden.

Während des kurzen Wortwechsels mit der Gruppe am andern Tisch war der Junge identifiziert, mit einer Etikette versehen, klassifiziert worden. Da waren die Eltern, die Großmutter und die kleine Schwester, und der Knabe selbst: kräftige Eichenbalken für die Rippen des tapferen Schiffes England, aber früher niemals für die Kommandobrücke bestimmt.

Zu seiner Zeit, erinnerte sich der Herr, konnte für den Sohn einer solchen Familie die Chance, Offizier zu werden, mit nicht mehr als eins zu zehn Millionen bewertet werden, wenn man überhaupt von einer Chance sprechen konnte. Aber ebenso gering wäre in jenen Tagen die Möglichkeit gewesen, daß er in einem Speisewagen einem nicht allzu sauberen, aber liebenswerten kleinen Jungen gegenüber gesessen hätte, der aus seiner schmutzigen Tasche das Abzeichen seines eigenen Regiments hervorzog und mit dem Heißhunger und Ehrgeiz der Jugend erfahren wollte, ob er eines Tages Offizier in dieser berühmten Truppe werden könnte.

Er wußte, daß die Zeit, der er angehörte, vorbei war. Er hatte es oft bedauert: jetzt war er froh darüber. Ein halbes Jahrhundert war vergangen, seit er, ein Gentleman, Offizier geworden war. Wie alt mochte dieser Bub sein? Elf Jahre? Zwölf? In einem Jahrzehnt würde er vielleicht Offizier und Gentleman sein.

Jene unüberbrückbare Kluft schien jetzt nicht mehr breiter zu sein als die fünfzig Zentimeter des Tisches, der ihn von dem Knaben trennte, und das Herz des alten Mannes war erfreut darüber, daß dem so war. Wie viele Millionen andere empfand auch er an diesem Tag, daß die Welle der Gefühle, die die Krönung der Königin im ganzen Lande ausgelöst hatte, auch ihn seelisch aufwärtstrug. Und als er Johnny Clagg antwortete, geschah dies beinahe im Namen der jungen Königin: «Gewiß. Ich glaube, daß du Offizier werden wirst, wenn dein Wunsch danach stark genug ist.»

«Oh, das ist er!» sagte Johnny.

«Dann darfst du nie nachlassen», sagte der Herr und wiederholte feierlich viermal: «Niemals, niemals, niemals, niemals! Der Wunsch muß immer in dir lebendig sein und gegen verschlossene Türen anstürmen wie eine Armee, die die Bedeutung des Wortes ‹Niederlage› nicht kennt. Vor einem solchen Ansturm bricht jeder Widerstand zusammen. Habe ich nicht recht?»

O wie herrlich, wie ein Mann behandelt zu werden! «Ja, Sir», sagte Johnny.

Der Fremde nickte nachdenklich. «Ja, dein Ehrgeiz muß immer in dir lebendig bleiben. Das letzte, woran du abends vor dem Schlafengehen denkst, dein erster Gedanke, wenn du morgens erwachst. Dann wirst du Erfolg haben. Natürlich spielt auch das Glück eine Rolle, aber schließlich hast du ja bisher schon Glück gehabt.» Er seufzte, legte das Regimentsabzeichen wieder auf den Tisch und schob es, den Blick noch immer darauf gerichtet, mit der Fingerspitze zu dem Knaben hin.

Die Worte, die wie eine Prophezeiung klangen, wie eine beinahe erfüllte Voraussage, beglückten den Jungen, aber etwas von den Empfindungen, die den alten Herrn beseelten, übertrug sich auch auf ihn.

Der Kellner kam und kritzelte die Rechnungen. Der Herr öffnete seine Brieftasche, zahlte, und der Kellner ging weiter. Johnny Clagg schob das Abzeichen über die Mitte des Tisches hinweg wieder auf das Territorium des Alten. Es war ihm völlig unklar, warum er es tat und warum er sagte: «Möchten Sie es haben, Sir?» Er wußte nur, daß er diese Worte aussprechen mußte.

Der Herr straffte den Rücken und blickte auf den Knaben. Wenn seine Miene fast erschreckte Strenge auszudrücken schien, so nur deshalb, weil Johnnys Geste ihn tief bewegt hatte. Was konnte das Kind nur zu einer so freigebigen, liebevollen und rührenden Handlung veranlaßt haben? Er nahm das Regimentsabzeichen auf, wog es eine Sekunde lang in der hohlen Hand, und in seinen Augen war wieder der feuchte Schimmer. «Danke, nein», sagte er. «Aber ich glaube fast, das war das schönste Geschenk, das mir je angeboten wurde. Nein, nein, behalte es, und eines Tages wirst du es tragen.» Dann erhob er sich zu seiner vollen, imponierenden Größe; aber vielleicht stand er nicht ganz aufrecht, denn es schien, daß er ein wenig gealtert war. Seine letzten Worte waren: «Achte darauf, daß es immer schön poliert ist, mein Junge!» Dann wandte er sich ab und ging.

Großmutter Bonner rief vom andern Tisch herüber: «Hast du dir den Mund abgewischt, Johnny?»

Keiner von ihnen hatte je zuvor in einem Speisewagen gegessen, und sie waren alle ängstlich bemüht, es nicht zu zeigen. Sie suchten sich darüber zu informieren, wie verschieden eine solche Mahlzeit von dem Tee in dem Café sein mochte, das sie manchmal am Sonntagnachmittag besuchten. Violet und Gwendoline hatten Fensterplätze, Will Clagg saß der Großmutter gegenüber am Gang, gegen die Fahrtrichtung. Als Familienoberhaupt und Organisator des Vergnügens hatte er die ganze Literatur, die auf dem Tisch lag, an sich genommen, die Speisekarte und die Broschüre, die gleichzeitig eine Weinkarte und eine Lobeshymne auf die Vorzüge der Staatlichen Eisenbahnen war.

Die kleinen Augen der Großmutter richteten hierhin und dorthin flinke Blicke und informierten sich über das Tischgedeck, die Fischgabeln und -messer neben den Tellern und die Papierservietten, die aus den Gläsern zu wachsen schienen. Sie war nicht beeindruckt. «Ich nenne das Geldverschwendung», murmelte sie, «nachdem wir ohnehin schon genug Geld zum Fenster hinausgeworfen haben!»

«Aber laß doch, Großmutter», beschwichtigte sie Will Clagg. «Was bedeuten schon ein paar Shilling mehr oder weniger? Wir haben einen schweren Tag hinter uns. Was wollt ihr essen: Schweinebraten oder Rindfleisch-und-Nieren-Pastete?»

Violet sagte: «Sitz still, Gwenny!», denn das übermüdete Kind rutschte auf der Sitzkante hin und her, und es drohte, unter dem Tisch zu landen. «Meinst du, sie haben beides?» erkundigte sie sich bei ihrem Mann.

«Es ist ein richtiges Festmahl», sagte Will Clagg. «Hör mal!» Und er las die ganze Speisekarte vor, Gericht für Gericht.

Gwenny richtete sich auf: «Kann ich Eis haben?»

«Warum nicht?» sagte ihr Vater zustimmend, was prompt einen Einwurf von seiten der Großmutter auslöste.

«Eis vor dem Schlafengehen! Als ich ein junges Mädchen war, durfte man an solche Albernheiten überhaupt nicht denken!» Sie wandte sich Will zu: «Ich möchte wissen, was uns der Spaß kosten wird. Ein Vermögen, wetten wir?»

Clagg studierte wieder die Speisekarte. «Siebeneinhalb Shilling pro Person», antwortete er. «Das ist gar nicht so arg. Siebenunddreißig Shilling und sechs Pennies für uns fünf.»

«Ich kann nur hoffen, du hast so viel!» sagte die Großmutter bissig. «Und wovon wir leben werden, bis du den nächsten Lohn bekommst, wissen die Götter.»

Wills Hand griff verstohlen in eine Westentasche und befühlte drei knisternde Ein-Pfund-Noten, einen für den Notfall ersparten und aufbewahrten Geheimfonds, von dessen Existenz die andern nichts wußten. Jeder Penny, den die Expedition kostete, war erwogen und berechnet worden, aber Will war ein behutsamer Mann und kein Dummkopf. Er war Vorarbeiter am Schmelzofen Nr. 2 geworden, weil er die Fähigkeit besaß, im voraus zu erkennen, welche Schwierigkeiten auftauchen können, weil er in der Lage war, Vorkehrungen zu treffen, um sie zu verhüten, oder, wenn sie dennoch auftraten, mit ihnen fertig zu werden. Aus diesem Grunde hatte Clagg auch seinen Geheimfonds angesammelt, und das Geld kam ihm nun gelegen.

«Was ist das: Grapefruit?» fragte Gwendoline. «Kann ich Grapefruit haben, Mami?»

«Was fällt dir ein?» sagte die Großmutter kopfschüttelnd. «Das macht den Magen sauer. Eine warme Suppe wäre das richtige für sie.»

Was immer dieses Ding, das Grapefruit hieß, auch sein mochte, es wurde für Gwendoline plötzlich höchst begehrenswert. «Mami», lamentierte sie, «ich möchte Grapefruit haben!»

Violet hätte dem Kind gern seinen Wunsch erfüllt, aber sie hatte weder die Energie noch den Mut, gegen das Diktat der Großmutter anzukämpfen. «Nein, Liebling», sagte sie matt. «Sei vernünftig. Warme Suppe ist besser für dich.»

Durch ihre Unterwürfigkeit irritiert, blickte Will Clagg eine Sekunde lang zur Seite. Mußte sie sich immer ihrer Mutter fügen? Würde sie niemals zeigen, daß sie einen eigenen Willen hatte? So war es immer gewesen, seit die Großmutter bei ihnen wohnte. Warum konnte das Kind nicht ausnahmsweise bekommen, was es wollte? Er hatte sie schließlich zu einem Vergnügen eingeladen, das sie genießen sollten! Was sollte dann das ewige Spaßverderben? Mußte das Zanken und Herumkommandieren auch außerhalb des Hauses weitergehen? Er war nahe daran, die Suppe abzubestellen, aber dann entschloß er sich, davon abzusehen. Es lohnte einfach nicht die Aufregung und das Gezanke, und außerdem wußte er, sehr zu seinem Ärger, daß die Großmutter recht hatte. Nach dem kalten Regen war eine warme Suppe wirklich das richtige. Um seine Verdrießlichkeit zu verbergen, wandte er seine Aufmerksamkeit wieder der Broschüre in seiner Hand zu und bemerkte etwas, was ihn höchst überraschte.

Er las in der Weinliste: «Champagner, eine halbe Flasche 15 Shilling, eine Viertelflasche 8 Shilling.»

Acht Shilling für Champagner! Wer hätte das gedacht? Er wußte, daß eine Flasche der besten Marke zwei Pfund kostete. Und jetzt war Champagner plötzlich in ihrer Reichweite!

Will Clagg warf seiner Frau abermals einen diskreten Blick zu, aber diesmal fühlte er keine Gereiztheit mehr, sondern Mitgefühl und Verständnis. Das Wort Champagner auf der Speisekarte hatte ihn daran erinnert, welche Enttäuschung sie beim Scheitern ihrer Pläne für diesen Tag erlebt hatte.

Denn obwohl Will ein schwerfälliger, untersetzter, muskulöser Kraftmensch war, der sich seinen Aufstieg aus den Reihen der Männer erkämpft hatte, denen er jetzt Weisungen erteilte, wußte er um die kleinen Dinge, nach denen der Sinn der Frauen steht: ein Putz auf einem Kleid, ein kleiner Chintz-Vorhang für das Küchenfenster. Sie waren nicht wie die Männer, sie glichen eher Kindern. Er hatte von allem Anfang an begriffen, daß ein Punkt des Programms Violet veranlaßt hatte, sich trotz all ihrer Skrupel und Einwände mit dem Krönungsprojekt einverstanden zu erklären, und das war der Champagner, der mit dem Mittagessen serviert werden sollte. Natürlich hatte er ihre Gedanken nicht restlos lesen und sich nicht vorstellen können, wie sie sich selbst im Geiste sah: ein Champagnerglas in der Hand, den kleinen Finger höchst elegant gekrümmt, das Auge auf die Bläschen gerichtet, die in der Flüssigkeit aufsteigen, ehe sie das Glas leert. Aber er verstand, daß das für sie irgendwie den Höhepunkt des Tages bilden sollte, gerade jenes kleine Extra, das jede Frau betört.

Als er jetzt ihre Gesichtszüge betrachtete, von Runzeln durchzogen und mitleiderregend schlapp nach der letzten Kapitulation vor ihrer Mutter, fühlte er, wie sein Herz gerührt und von einem tieferen Begreifen erfüllt wurde. In einem gewissen Sinn war ihr Leben eine endlose Kette von Niederlagen, vergeblichen Hoffnungen und Enttäuschungen. Sie hatte nie Champagner getrunken. Ihr Herz sehnte sich danach, und er erinnerte sich an den angsterfüllten Schrei, der von ihren Lippen kam, als sie vor der klaffenden Lücke der Nr. 4 standen und die grimmigen Tatsachen von der Polizei bestätigt bekamen: «So wird es also keinen Champagner geben!»

Ohne daß er oder die andern es erwartet hatten, war es nun plötzlich in seiner Macht, dies gutzumachen und mit einer kleinen Freude etwas von dem zertrümmerten Tag für sie zu retten. Umständlich, aber mit anerkennenswerter Geschwindigkeit löste er in seinem wuchtigen Schädel eine kleine Kopfrechnung, der er die Preise der Weinkarte und zweieinhalb Shilling Trinkgeld zugrunde legte, und kam nach doppelter Nachprüfung zu dem Ergebnis, daß er es sich leisten könne.

Die Entscheidung fiel mit dem plötzlichen Erscheinen des Kellners an ihrem Tisch zusammen. «Wünschen Sie etwas zu trinken, Sir?»

«Eine Viertelflasche Champagner.»

Die Gesichtszüge des Kellners veränderten sich entsprechend dem vornehmen Charakter der Bestellung. «Sie wünschen ihn natürlich eisgekühlt, nicht wahr, Sir?»

«Will Clagg», fuhr die fassungslose Großmutter fast schreiend dazwischen, «hast du den Verstand verloren?»

Er sah seine Schwiegermutter fast ängstlich an, als er sagte: «Warum darf Violet nicht mal ein Glas Champagner trinken? Sie wünscht es sich seit langem.»

«Oh, Will, das ist doch unmöglich!» sagte Violet beinahe erschrokken, denn es schien ihr, als sei ihr Mann nicht mehr seiner Sinne mächtig.

«Halt den Mund, Liebling», sagte er nicht ohne Zärtlichkeit. Der Großmutter zugewandt, feuerte er einen Schuß ab, der den Panzer ihres Widerstands durchlöcherte. «Wie wäre es mit einem Tropfen Gin für dich, Großmutter?»

Das war ihre Schwäche. Sie liebte ihren Schluck Gin. Das plötzliche Angebot brachte sie völlig aus dem Gleichgewicht. Es bestand ein ungeheurer Unterschied zwischen einem Protest gegen eine sinnlose Extravaganz für ihre Tochter und einem Einwand gegen einen Tropfen, der ihr, wie sie wußte, in diesem Moment unendlich gut tun würde. Aber sie konnte den Gin nicht annehmen, ohne sich gleichzeitig mit dem törichten Champagner abzufinden.

Mit unverhohlenem Behagen beobachtete Clagg den Kampf, der in ihr vorging. Um ihr Dilemma noch zu vergrößern, fügte er hinzu: «Einen doppelten, wenn du willst.»

Die Großmutter kapitulierte und sah einen Augenblick lang genauso schwach und albern aus wie ihre Tochter. «Wenn du was zum Zahlen hast, Will, würde es mir ganz guttun, mich etwas aufzuwärmen.»

«Einen doppelten Pink Gin», bestellte Clagg, «und mir ein dunkles Bier, und der Kleinen und dem Jungen dort drüben bringen Sie Ingwerbier.»

Der Kellner schrieb alles sorgfältig auf, und seine Lippen formten lautlos die Worte der Bestellung: «Eine Viert. Fl. Champagner. 1 dppl. Pink Gin. 1 dkl. Bier. 2 Ingwerbier.» Und dann segelte er davon, während die am Tisch in einem Zustand höchster Aufregung zurückblieben.

Der Speisewagen füllte sich, der Zug lärmte, schwankte und brauste weiter, und dazu gesellte sich gelegentlich weiter vorne das schrille Heulen der Lokomotive. Im Handumdrehen – nein, anscheinend noch schneller – kehrte der Weinkellner mit einem Tablett voller Flaschen und Gläser zurück, wobei er im Gang einen höchst graziösen und exquisiten *pas seul* tanzte. Auf dem Tablett befanden sich ein richtiges, breitrandiges Champagnerglas mit einem schlanken Fuß und ein kleiner silberfarbiger Kühleimer. Er war mit Wasser gefüllt, in dem mutlos zwei Eisstücke schwammen und sanft an eine Viertelflasche Champagner anstießen. Alles war von zwergenhaftem Ausmaß, aber hundert Prozent echt. Der Flaschenhals war mit Stanniol umwickelt, der Korken mit Draht befestigt, das Etikett vielfarbig und die Schrift darauf in Französisch.

Der Kellner sah fragend auf Clagg, der mit einer plumpfingrigen Hand auf seine Frau wies. Glas und Eimer wurden vor ihr auf den Tisch gestellt. Ein hübsches Quantum angosturafarbenen Gins wurde vor der Großmutter placiert und nach ihrem Geschmack mit Wasser verdünnt. Dann entfernte der Kellner mit der gleichen Bewegung, mit der ein Zauberkünstler ein Kaninchen aus einem Hut zieht, und mit der blendenden Geschwindigkeit eines Taschenspielers die Kapseln von der Bierflasche und den beiden Flaschen Ingwerbier, füllte die Gläser mit Rücksicht auf das Schütteln des Eilzuges nur zur Hälfte und servierte die Getränke. «Soll ich den Champagner gleich öffnen, Madame? Er ist schon eisgekühlt.»

«Ja, bitte», antwortete Violet. Ihre Augen waren wie Teller, ihre Lippen waren vor Erregung geöffnet. Sie saß jetzt steif und aufrecht da. Alle Müdigkeit war von ihr abgefallen. Das gleiche galt für Gwendoline, die ebenfalls völlig steif dasaß und ihre Nase in das Ingwerbier getaucht hatte.

Der Kellner war ein weiser, gewitzter, wohlgeschulter Mann. Er hatte die Gruppe an dem Tisch innerhalb einer Sekunde klassifiziert, die Bedeutung des festlichen Champagners begriffen und beabsichtigte, das Ritual getreulich zu befolgen.

Er hatte eine Serviette über dem Arm, holte die kleine Flasche aus dem Kübel, wickelte sie wie ein Kind in das Tuch, dann krümmten seine geschickten Finger den Draht, bis der lose genug war, um entfernt zu werden, und legte ihn sorgsam neben den Eimer auf den Tisch. Er wußte, daß er von dort verschwinden würde, um als Andenken aufgehoben zu werden. Er prüfte den Stöpsel heimlich mit einem kräftigen Fingerdruck und hoffte ihretwegen, daß er knallen würde. Sehr oft war der Champagner in diesen kleinen Flaschen schal, und der Pfropfen kam heraus wie aus eine Medizinflasche. Nein, hier gab es einen gewissen Druck. Er drehte den Korkenzieher zweimal, und dann zog er an. Ungeachtet des Lärm des Zuges war eine befriedigende Detonation zu hören, und mehrere Köpfe wandten sich in ihrer Richtung, wie es unausbleiblich geschieht, wenn irgendwo eine Champagnerflasche geöffnet wird.

Sofort erschien etwas Schaum an dem Mund der grünen Glasflasche, aber der erfahrene Kellner war flink bei der Hand. In weniger als einer Sekunde hatte er das Glas ergriffen. Aus zwanzig Zentimeter Entfernung ließ er den Wein in das Glas schäumen, gelblich und mit Bläschen darin. Er setzte das Glas vor Mrs. Clagg nieder, stellte die Champagnerflasche in den Kübel, legte die Serviette darüber, so wie Violet es oft imFilm gesehen hatte, sagte: «Zum Wohl, Madame!» und verschwand. Für Violet war es der glorreichste und herrlichste Augenblick ihres Lebens.

Sie saß einige Sekunden lang still da und beobachtete, wie die silbernen Bläschen zur Oberfläche des goldenen Weins stiegen. In diesem Moment fügten sich alle Bruchstücke des zertrümmerten Gebäudes dieses Tages wieder zusammen. Ihr war angenehm warm, sie war im Begriff, im Speisewagen ein Mahl zu genießen, und vor ihr stand ihre höchst eigene Flasche echten Champagners. Sie war eine glückliche und zufriedene Frau.

Dann bemerkte sie, daß alle sie beobachteten und warteten. Es wurde ihr klar, daß sie den Wein, da er nun einmal da stand, auch probieren und trinken mußte. Jetzt, da ihre große Sehnsucht so freigebig erfüllt worden war, wünschte sie beinahe, daß sie es nicht zu tun brauchte. Der Geschmack war ihr nicht vertraut, vielleicht würde er ihr nicht zusagen. Wenn es ihr nicht schmecken sollte, würden es die drei wachsamen Augenpaare sofort merken.

Sie hob das Glas an die Lippen, sagte «Prosit!» und probierte tapfer den Inhalt. Sie schlürfte nicht ängstlich, sondern nahm einen guten, herzhaften Schluck.

Sie hatte den säuerlichen Geschmack nicht erwartet und auch nicht das Prickeln der Bläschen. Ehe aber ihre Gesichtszüge auf den unvorhergesehenen sauren Geschmack reagieren konnten, hatte die Dosis ihr Inneres erreicht und rief dort sofort ein freundliches Glühen hervor. Sie verzog das Gesicht nicht; statt dessen stahl sich ein Lächeln über Violet Claggs Züge.

«Das ist das richtige, was, Mutter?» fragte Will.

«Herrlich!» sagte Violet.

Der erste Schluck Gin hatte ein ähnliches Glühen im Magen der Großmutter hervorgerufen. «Ist es wirklich französischer?» fragte sie.

Violet schob die Serviette so weit von der Flasche, daß sie auf das Etikett gucken konnte. «Er ist aus Reims», sagte sie, und dann richtete sie an alle die Frage: «Wollt ihr mal probieren?»

Die Großmutter war die erste, die behutsam ihre Zunge befeuchtete. Sie schüttelte den Kopf: «Gin ist mir lieber.»

«Mami, ich möchte auch!» rief Gwendoline. Niemand protestierte, das Glas wurde ihr gereicht. Sie benetzte die Lippen mit der Flüssigkeit und schnitt eine Grimasse, so wie Violet es ursprünglich auch tun wollte. «Uh!» sagte sie. «Sauer!» Und steckte ihr Näschen rasch wieder in das Ingwerbier, um den Geschmack loszuwerden.

Clagg lachte: «Ich sage immer: Laßt sie nur versuchen, dann verlangen sie nachher nicht mehr danach!»

Violet reichte ihm das Glas; er nahm einen Schluck und rümpfte die Nase. «Kein Getränk für einen Mann», sagte er und gab es ihr zurück. Jetzt gehörte er ihr, ihr allein. Sie kannte das Geheimnis des Champagners: säuerlich im Mund, warm und sprühend im Körper. «Es ist herrlich!» sagte sie abermals. «Noch einmal Prosit!» Sie nahm einen größeren Schluck und wurde durch ein noch stärkeres Glühen belohnt.

Ein Kellner kam mit dem Essen. «Suppe für die junge Dame?» fragte er und wollte den Teller vor Gwendoline stellen. Die Großmutter warf ihm einen scharfen Blick zu: «Warum kann sie nicht Grapefruit bekommen?»

«Verzeihung, Madame. Natürlich!»

Die andern aßen Suppe. Gwendoline klatschte in die Hände, als die Grapefruit kam; aber als sie sie kostete, machte sie dasselbe Gesicht wie beim Champagner. «Uh! Sauer!» rief sie wieder.

«So lernt man, mein Kleines!» sagte ihr Vater.

Alle lächelten jetzt. Das Abendessen sollte ein Erfolg werden.

Es war nahezu Mitternacht, als Will Clagg den Schlüssel in die Tür seines Hauses Imperial Road 56 in Little Pudney steckte und sie alle hineinmarschierten. Als sie die Tür wieder schlossen, waren sie prompt überwältigt von dem Schweigen, das im Hause herrschte, eine allumfassende Stille, in der das Ticken der Uhr auf dem Kaminsims so erschreckend laut klang wie Pistolenschüsse. Anderswo wurde wahrscheinlich noch gefeiert, aber Imperial Road 56 lag am äußersten Stadtrand, am Ende einer Autobuslinie, und hier waren alle Leute schon zu Bett gegangen. Man hörte nicht einmal das Plärren eines Radios oder das Bellen eines Hundes.

Erst jetzt wurde ihnen bewußt, daß ihr Trommelfell den ganzen Tag hindurch von Lärm und Geschrei attackiert worden war.

Sie hatten das Geräusch der scharrenden Füße der Besucher gehört und die Marschtritte der Soldaten, das Dröhnen der Artillerie, das Brausen der Flugzeuge, das schrille Kreischen der Querpfeifen und das Lamentieren der Dudelsackpfeifen. Sie hatten den Lärm von Eisenbahnzügen gehört, von Autobussen, den des Straßenverkehrs, das mächtige Tosen der Hurra-Rufe, das Klirren von Tellern in den von Menschen vollgestopften Restaurants, die sie hatten betreten wollen. Jetzt erschreckte sie die Stille durch ihre Intensität. Will Clagg schien es, daß dieses Schweigen lauter dröhnte als der Tumult, durch den sie an diesem Tage gewandert waren, und zu seiner Verblüffung entdeckte er, daß er beinahe auf den Zehenspitzen ging, als er seiner Familie voran ins Wohnzimmer schritt.

Sie kamen herein und setzten sich an den Tisch, denn es war jetzt nötig, sich an das eigene Heim zu gewöhnen, in der Sicherheit der eigenen vier Wände Entspannung zu finden und wieder die Umrisse des Hauses und seinen Inhalt wahrzunehmen. Es war, als ob sie zeitlich und räumlich ungeheure Distanzen zurückgelegt hatten. Sie hatten nicht nur körperlich, sondern auch seelisch Püffe und Schläge erlitten. Sie hatten geistig gelitten und hatten einen Tag erlebt, der seltsamer und in einem gewissen Sinn auch aufregender war als Dutzende von Ferien am Meer.

Das kleine Haus in Imperial Road war noch genauso, wie sie es zurückgelassen hatten: der abgetretene Teppich, der Stuhl mit dem beschädigten Bein, der Toby-Krug, den Johnny auf einem Jahrmarkt als Preis erhalten hatten, die Fotografien an der Wand, die Uhr auf dem Kamin und ihre eigenen Krönungsdekorationen, die rot-weiß-blauen Papierbänder, die das Zimmer kreuz und quer durchzogen, von den vier Ecken zum Kronleuchter, der Farbdruck mit dem Bildnis der Königin über dem Kamin. Alles war wie vorher – nur sie nicht. Sie waren durch ihre Erlebnisse verändert worden, und aus diesem Grund saßen sie jetzt so unbehaglich und schweigsam da, als Teil der großen Stille ringsum, und versuchten, sich umzustellen.

Violet Clagg war die erste, die sich wieder in den sicheren, behaglichen Kokon ihres Heims begab, die sich als erste der Umarmung der vertrauten Dinge überließ. Sie seufzte und sagte: «Wir müssen die Kinder zu Bett bringen. Der Himmel weiß, wie ich Johnny morgen früh wecken und in die Schule schicken soll.»

Der Junge rief: «O Mami, muß ich morgen wirklich in die Schule gehn?» Sein neuer, wunderbarer Besitz brauchte ja noch so viel Zeit, erforderte ja noch so viel Nachdenken.

Ehe sich die Großmutter noch einmengen konnte, sagte Clagg: «Wir alle müssen morgen wieder an die Arbeit, mein Junge.»

John wußte, daß die Entscheidung seines Vaters endgültig war, und der Gedanke an die Schule offenbarte ihm plötzlich unvorhergesehene Möglichkeiten. Er könnte seinen besten Freunden erlauben, einen kurzen Blick darauf zu werfen. Wie sie ihn beneiden würden!

Die Großmutter sagte: «Ich werde mal für uns alle einen Tee machen.»

«Bei dieser Gelegenheit könntest du mal nachsehen, ob in der Flasche noch ein Tropfen Gin ist», schlug Clagg vor. «Du brauchst doch etwas zum Aufwärmen, sonst holst du dir vor Kälte noch den Tod.» Die Großmutter machte sich schnell davon, um das zufriedene Lächeln auf ihrem Gesicht zu verbergen.

Das Haus war während des fast ununterbrochenen Regenwetters vierundzwanzig Stunden lang nicht geheizt worden, und es war kalt und feucht. Violet schaltete den kleinen elektrischen Ofen an, setzte Gwenny davor und machte sich daran, sie auszuziehen. «Sei mal brav, Johnny», sagte sie, «und hol Gwennys Schlafanzug. Schau auch, daß du selbst schön warm wirst.» Gwenny war ganz trocken, aber ihre Mutter rieb ihr trotzdem kräftig die kleine Brust ab. Johnny kehrte, zum Schlafengehen bereit, mit dem wollenen Schlafanzug seiner Schwester zurück.

Will Clagg sagte mit gespielter Beiläufigkeit: «Nun, Gwenny, du hast uns noch gar nichts darüber erzählt, wie es war, als du die Königin sahst.» Es war nämlich so, daß er es bisher nicht recht gewagt hatte, sie danach zu fragen. Es handelte sich nur um eine Haaresbreite, nämlich darum, ob sie rechtzeitig zum oberen Rand der Barriere gehoben worden war. Er erinnerte sich an die vorbeiflutende Woge von Hoch-Rufen, die offenbar die Königin begleitete, an den Lärm der Pferde, die die Kutsche zogen, und der berittenen Eskorte und an das Poltern des schweren Wagens. Hatte er in seiner Überraschung und Verwirrung zu lange gezögert, als der kleine Fremde ihm vorschlug, er möge sie doch auf seinen Schultern aufsitzen lassen? Und wie lange hatte Gwenny, als sie oben war, gebraucht, um überhaupt zu begreifen, was sie sah? Sie mußte eine ungeheure, unübersichtliche Fläche von Köpfen und Gesichtern gesehen haben, durch die die Prozession wie ein aus der Ferne herankommender Strom hindurchzog. War die Königin etwa schon vorbeigfahren, war sie im Park eingetroffen? War also alle ihre Mühe vergeblich gewesen, war das Kind enttäuscht worden? Es hatte das Thema nicht mehr berührt, seit es von der Holzwand heruntergekommen war.

Gwenny sagte: «Ich hab sie gesehen, Mami, nicht wahr?»

«Ja, mein Liebes. Du hast es uns ja gesagt. Aber du hast uns noch nicht erzählt, wie sie ausgesehen hat.»

Ohne daß sich ihr Gesichtsausdruck auch nur im mindesten veränderte, zog sich Gwendoline sofort in jene innere Kammer zurück, in die Kinder flüchten, wenn man sie darüber verhört, wie es ihnen auf einer Party gefallen hat. Sie verschloß die Tür dieser seelischen Kammer. Mit ihrer Königin sicher vereint, konnte sie von niemandem erreicht werden. Ihr anderes Ich, das mit den Erwachsenen leben, sich mit ihnen abfinden und mit ihnen auskommen mußte, antwortete: «Sie war wunderschön.»

Mrs. Clagg massierte die kalten, klammen Füßchen des Kindes. «Natürlich. Aber was hat sie getan?»

Die für die Außenwelt bestimmte Gwenny erwiderte: «Sie fuhr in einer goldenen Kutsche wie Aschenbrödel, gezogen von acht weißen Pferden.»

Will Clagg richtete sich auf. Mit einem gewaltigen Atemzug sog er beinahe die ganze Luft des Zimmers in seine mächtige Brust ein und atmete sie wieder mit einem unendlichen Seufzer der Erleichterung aus. Vielleicht hatten sie also Gwenny wirklich rechtzeitig zur Höhe der Barriere gehoben, ehe noch die königliche Kutsche ihrem Blick entzogen war. Es war ihm gelungen, das Versprechen, das er ihr gegeben hatte, zu halten.

Mrs. Clagg sagte: «Ganz richtig, Gwenny. Und wie war sie angezogen?»

Gwenny antwortete: «Ein goldenes Kleid und eine goldene Krone. Und oben auf der goldenen Krone war ein Schmetterling aus Gold. Seine Augen waren echte Diamanten, und seine Flügel waren aus Perlen.»

Ihre Mutter sagte: «Aber Gwenny, genauso sieht doch die Schmetterlingprinzessin in deinem Märchenbuch aus.»

Gwenny nickte in ernstem Einverständnis. «Ganz richtig», sagte sie.

Will Clagg empfand, wie ihn die Enttäuschung übermannte. Er fragte: «Was hast du sonst noch gesehen, Gwenny?»

«Der Prinz saß neben ihr. Er war ganz in Weiß gekleidet. Er warf mir eine Kußhand zu.»

Will und Violet Clagg tauschten einen Blick aus; sie waren, so wie alle Eltern, zu der Erkenntnis gekommen, daß in den geheimen Geisteskammern ihrer Kinder Tatsache und Phantasie nebeneinander wohnen und daß man, wenn man sie befragt, niemals weiß, über welche Schwelle sie treten würden, ehe sie antworten. Hatte sie an diesem Tag die Königin gesehen, wie sie es sich so heiß gewünscht hatte, oder nicht? Und wenn nicht, was hatte sie dann gesehen? Will und Violet Clagg wurden sich dessen bewußt, daß sie das wohl niemals erfahren würden und daß es keinen Zweck hatte, sie weiter auszufragen.

Die Großmutter kam mit dem Teetablett herein, auf dem auch eine halbe Flasche Gin mit drei Gläsern und ein paar Kekse waren. Johnnys Augen leuchteten auf, als er Tee und Kekse sah, und sie setzten sich alle wieder an den Tisch. Die Behaglichkeit des Heims machte sich geltend, und die Unannehmlichkeiten und Enttäuschungen begannen bereits zu verblassen.

Jeder von ihnen hatte ein kostbares Andenken mit heimgebracht an diesen Tag, der einer Katastrophe so ähnlich war, aber ihnen jetzt nicht mehr so erschien. Sie hatten mit ihren Opfern der jungen Königin eine Gabe dargebracht, und es war, als ob die Herrscherin ihrerseits einen jeden von ihnen unerwartet beschenkt hätte.

Die seltsamste dieser Wohltaten wurde vielleicht der Großmutter zuteil, als sie jetzt im Kreise ihrer Familie saß. Sie war 73 Jahre alt und hatte einen Tag hinter sich, der nicht nur seelisch aufregend war, sondern auch körperlich anstrengend und ermüdend. Der Regen hatte sie durchnäßt, sie war gestoßen und gepufft worden, sie hatte stundenlang gestanden, und sie fühlte sich jetzt ungemein wohl; ja, sie hatte sich in ihrem ganzen Leben nicht wohler gefühlt.

Alte Leute denken über den Tod nach. Sie sind Krankheiten und Gebrechen unterworfen, und ihr Körper erinnert sie ständig daran, daß ihre Tage gezählt sind. Selbstverständlich wäre die Großmutter nie und nimmer bereit gewesen, ihrer Familie zu verraten, was ihr dieser Tag klargemacht hatte, nämlich daß sie eine wohlerhaltene, gesunde und kräftige Frau war, der vermutlich noch viele Tage vergönnt waren, um nach dem Rechten sehen zu können. Es war, als ob sie nach einer ärztlichen Untersuchung den Befund erhalten hätte: Sie sind vollkommen gesund, Mrs. Bonner, Sie werden hundert Jahre alt werden.

Sie wollte natürlich nicht hundert Jahre alt werden und den andern zur Last fallen; sie wollte einfach weiterleben, Will weiter plagen, ihre Tochter herumkommandieren, bei der Erziehung der Kinder mithelfen und mit zusehen, wie sie wuchsen und sich entwickelten. Sie wollte weiter essen, trinken, atmen und sich in alles einmischen, bis sie müde würde. Irgendwie hatte ihr dieser Tag offenbart, daß sie dazu auch imstande sein würde. Er hatte die geheimen, unausgesprochenen Ängste beschwichtigt, die sie quälten. Einen Moment lang entspannte sich ihr grimmiger Mund fast zu einem Lächeln, und die scharfen Augen hinter den Brillengläsern betrachteten aufs neue das altvertraute Milieu des Zimmers. Ja, sie durfte noch eine ganze Weile dabei sein.

Was Gwendoline betraf, so läßt sich nur feststellen, daß sie glücklich und zufrieden war. Sie behielt ihr Geheimnis für sich, was immer es auch sein mochte, das sie an diesem Tag ersehnt und gefunden hatte, und vermutlich würde sie es noch monate- und jahrelang in ihrem Herzen verschließen. Selbst wenn sie einmal erwachsen war und ihr Leben, ihre Bedürfnisse und Wünsche sich geändert hatten, würde ein Rest zurückbleiben, an dem sie sich wärmen und zu dem sie immer zurückkehren konnte. Auf solchen kleinen, verborgenen Triumphen gedeihen sonnige Naturen.

Drei seltsame erlesene Dinge waren von dieser anscheinend gescheiterten Fahrt mit nach Hause gebracht worden: ein Zeitungsausschnitt, ein Champagnerpropfen und ein glänzendes Militärabzeichen. Ihre Materialwert war gleich Null, und wer sie verstaubt in einer Dachkammer fände, würde nie erraten, welchen Gefühlswert sie besaßen, oder auch nur ahnen, daß sie in Wirklichkeit Symbole waren, Symbole des Ehrgeizes, der Liebe, des Stolzes und der Eitelkeit und jenes Hungers und Sehnens der Seele, die uns zu dem machen, was wir sind.

Erst als seine völlige Anonymität durch jene zwei Druckzeilen aufgehoben worden war, erkannte Will Clagg, daß er in seinem tiefsten Innern nach den süßen Früchten des Ruhms dürstete. Es wäre ihm vorher nie eingefallen, sich darüber den Kopf zu zerbrechen, wer er war und was er war, und noch weniger darüber, was er nicht war. Er wachte des Morgens auf, wusch sich, zog sich an und machte sich an die Fütterung seines höchst persönlichen Schmelzofens. Er bewegte sich durch Zeit und Raum zu seiner Arbeitsstätte, wo er von seinen Untergebenen und Vorgesetzten mit Respekt begrüßt wurde. Er erteilte Weisungen, traf Vorkehrungen, ohne die seine Arbeit nicht ordentlich funktionierte. Er tat seine Pflicht, und zwar tat er sie beinahe ebenso automatisch, wie er atmete. Nach getaner Arbeit wandte er sich privaten Dingen zu, und er war er selbst, war Will Clagg, der Freund und Gefährte anderer Männer seines Standes, Ehemann und Vater und Verwandter seiner Familienangehörigen, Bürger und Untertan seines Landes und seiner Königin.

Alles in allem war es ein Leben ohne Gesicht, ein Dasein, das der Vergessenheit anheimfallen mußte. Aber plötzlich war er auserwählt worden, und er existierte als ein Lebewesen weit außerhalb der Ortsgrenzen von Little Pudney.

Er war etwas Besonderes geworden, eine Person, die auf einer anderen Ebene lebte und, wenn auch nur für eine Sekunde, in das Leben all jener eintrat, die über ihn und sein unglückliches Abenteuer gelesen hatten. Es war, als ob er neu geboren worden wäre, und darin lag für ihn eine Freude und ein Entzücken, wie er sie früher nie für möglich gehalten hatte. Es war eine um so größere Erfüllung, als er bisher von seiner Existenz nichts gewußt hatte. Wenn er mit blutendem Herzen Opfer gebracht, wenn er gelitten hatte, so hatte er nun wahrhaftig seinen Lohn dafür erhalten.

In der einen Hand hielt Violet ihre Teetasse, mit der anderen liebkoste sie den Champagnerpfropfen, den sie in ihrer Handtasche mitgenommen hatte.

Man könnte ein Schildchen daran binden: «Andenken an die Krönung» oder «Andenken an das erste Glas Champagner» oder sogar «Andenken an ein glückliches Erlebnis». Denn der Korken kennzeichnete gewissermaßen einen Bruch in der Kette der Enttäuschungen in ihrem Leben, in der Reihe ihrer unerfüllten Erwartungen. Gewiß, sie hatte nicht ihren Platz im Fenster bekommen, und kein Diener hatte ihr den Schaumwein eingeschenkt, aber statt dessen war sie in einem Speisewagen gewesen, ein Erlebnis, das ihr zuvor nie vergönnt gewesen war. Die Flasche war richtig eisgekühlt gewesen und in eine Serviette gehüllt, der Kellner hatte eine Uniform getragen, war höflich und gutgelaunt gewesen und hatte gesagt: «Zum Wohl, Madame!», und sie hatte Champagner gekostet und getrunken, so wie sie es sich ersehnt hatte.

Aber in Wirklichkeit hatte Violet den Korken in ihrer Hand mit ganz anderen Worten gekennzeichnet, und sie wußte einfach nicht, wie sie darauf verfallen war. Im Geist knüpfte sie nämlich an den Stöpsel ein Kärtchen mit dem Text: «Andenken an meines Mannes Herz».

Denn Liebe war etwas, woran Violet Clagg schon lange nicht gedacht hatte. Einmal, als sie jung waren, hatte ihr Will natürlich gesagt, daß er sie liebe. Sie hatten geheiratet, sie hatten Kinder bekommen. Sie gehörten nicht zu der Sorte Menschen, die gewohnheitsmäßig ihre Leidenschaft und Zuneigung immer wieder beteuern, noch wäre es ihnen eingefallen, den andern zu fragen: «Liebst du mich?» Das hätte sie in tödliche Verlegenheit gebracht. Noch immer schliefen sie gelegentlich aus Notwendigkeit oder Drang miteinander, oder in einem Augenblick aufflammender Leidenschaft, und Clagg blickte sie manchmal zärtlich an oder streichelte ihre Hand und nannte sie «meine Alte». Aber von jenen Ausdrucksformen der ‹Liebe›, von denen die Dichter sprechen, oder von den Beweisen der Leidenschaft, wie sie im Kino dargestellt wurden – Spaziergänge im Mondschein, die Arme um die Taille gelegt, geflüsterte Schwüre und Beteuerungen, Seufzer, Blicke, gestammelte Worte –, war keine Rede mehr, und man konnte das auch nicht mehr erwarten. Wo war also diese Liebe? Was war aus ihr geworden? Sie war in jenem Champagnerpfropfen, der von dem Griff ihrer Hand so warm und feucht geworden war.

Er sprach, er rief, er sang für sie all die Worte und Lieder, denen ihr Mann niemals Ausdruck geben konnte. Er dachte an sie. Ihr Platz in seinem Herzen war sicher. Ihr Glück, die Erfüllung eines Wunsches oder Traums, soweit es in seiner Macht lag, war ihm wichtig. Er hatte sich erinnert! Er liebte sie! Nie würde sie den Krönungstag vergessen.

Johnny saß da und hielt beide Hände unter die Fransen des baumwollenen Tischtuchs. Seinen Fingern prägten sich zum hundertstenmal die Konturen des Abzeichens ein: die Krone, der Löwe, das Einhorn und das Wort FIDELIS. Der Charakter seines Traums hatte sich geändert. Er war nicht mehr so kindisch und überschwenglich. Wieder fielen ihm die Worte des alten Herrn ein: «Niemals nachlassen!» Er blickte nach vorn, bemüht, sich auf seine Zukunft zu konzentrieren. Eines Tages würde er das Abzeichen zu Recht tragen. So viel trennte ihn gar nicht mehr von den Erwachsenen.

Die Großmutter hatte allen eine zweite Tasse Tee eingegossen und den Kindern viel Zucker und Milch hineingetan. Will Clagg schenkte in die Tassen für die Großmutter, für Violet und für sich selbst eine tüchtige Portion Gin ein. Sie waren wieder daheim, gesund und zufrieden. Er empfand, daß der Anlaß eine Rede erforderte, und sammelte seine Kräfte, um das Wort zu ergreifen. Er blickte die andern ernst an und räusperte sich, um anzudeuten, daß er etwas sagen wolle, und wurde mit befriedigendem Schweigen und Aufmerksamkeit belohnt.

«Nun», sagte er, «das ist mal ein Tag gewesen!» Er fragte sich verwundert, wie einem Menschen nur so viele Hunderte von Gedanken durch den Kopf gehen konnten, ohne daß er imstande war, sie auszudrücken. Daß all das, was er sich unter einer Huldigung für die Königin vorgestellt hatte, die seltsame Liebe, die in ihm wachgeworden war, all seine Empfindungen in dem einen Satz gipfelten: «Nun, das ist mal ein Tag gewesen!»

«Er ist nicht ganz so ausgefallen, wie wir es erwartet haben», fuhr er fort, «aber wir sind hin gefahren, nicht wahr? Wir haben unser Bestes getan.»

Claggs Gedanken wanderten plötzlich zu dem Zeitungsausschnitt in seiner Brieftasche, und er sagte: «Wenn die Königin die Zeitungen liest, was sie bestimmt tut, wird sie erfahren, daß wir es versucht haben. Denn da steht geschrieben, was uns passiert ist. Aber an einem solchen Tag kommt es nicht auf uns an, sondern auf sie, und Gott sei Dank ist alles gut gegangen. So wollen wir auf ihr Wohl trinken und dann zu Bett gehn.»

Es gab keine Einwände. Johnny dachte, wie wunderbar es wäre, wenn auch er eine solche Rede halten könnte, und er hoffte, daß er einmal dazu imstande sein würde.

Clagg hob seine Tasse in Richtung des über dem Kaminsims hängenden Bildnisses und sagte: «Auf Ihre Majestät, die Königin Elisabeth die Zweite! Gott beschütze und segne sie!» Die beiden Frauen hoben gleichfalls die Tassen.

«Wartet mal», sagte Will Clagg und goß mit einem Löffel ein paar Tropfen Gin in die Tassen seines Sohnes und seiner Tochter.

«Jetzt also!» sagte er. «Und zwar richtig! Alle zusammen!»

Inhalt

Rowohlt-Nachttisch-Büchlein zum Verlieben und Verschenken

Eine Auswahl:

TRUMAN CAPOTE
Frühstück bei Tiffany
Silhouette eines Mädchens

HONORÉ DAUMIER
Vereint in Freud und Leid
Ein Ehespiegel. Mit 80 Lithograph.

GERALD DURRELL
Die Geburtstagsparty
Eine heitere Familiengeschichte unter griechischer Sonne

JEAN EFFEL
Adam und Eva im Paradies
Für die fröhlichen Nachkommen aufgezeichnet
Heitere Schöpfungsgeschichte
Für fröhliche Erdenbürger in 182 Bildern aufgezeichnet
Der kleine Engel
Heiteres zwischen Himmel und Erde
Unter uns Tieren
Abgelauscht in 153 Zeichnungen

GIOVANNETTI
Max oder Die Tücken des Objekts
40 Bildergeschichten

GRAHAM GREENE
Heirate nie in Monte Carlo
Ein Flitterwochen-Roman

OSCAR JACOBSSON
Adamson
30 Bildgeschichten

KURT KUSENBERG
Lob des Bettes
Bettgeschichten und Bettgedichte im Bett zu lesen
Heiter bis tückisch
13 Geschichten

MANFRED KYBER
Ambrosius Dauerspeck
und Mariechen Knusperkorn

RAYMOND PEYNET
Mit den Augen der Liebe
182 Bilder für zärtliche Leute
Zärtliche Welt
Ein Bilderbuch für Liebende und andere Optimisten

GREGOR VON REZZORI
Die schönsten maghrebinischen Geschichten

JOACHIM RINGELNATZ
Es wippt eine Lampe durch die Nacht
Gedichte und Zeichnungen

IDRIES SHAH
Die verblüffenden Weisheiten und Späße des unübertrefflichen Mullah Nasreddin

JAMES THURBER
75 Fabeln für Zeitgenossen
Den unverbesserlichen Sündern gewidmet
Der Hund, der die Leute biß
und andere Geschichten für Freunde bellender Vierbeiner

KURT TUCHOLSKY
Rheinsberg
Ein Bilderbuch für Verliebte
Schloß Gripsholm
Eine Sommergeschichte
Wenn die Igel in der Abendstunde
Gedichte, Lieder und Chansons

274/25 Von namhaften Künstlern illustriert